Marcel Rusch · Nuklearträume

Marcel Rusch

NUKLEAR TRÄUME

Neuauflage 2023
© 2022 Marcel Rusch
Layout, Satz und Umschlaggestaltung:
Dic BUCHPROFIS, München
Umschlagvorderseite: OpenClipart-Vectors/pixabay
Herstellung und Verlag: BoD – Books on Demand, Norderstedt
Gesetzt aus der Bahnschrift
ISBN: 9783734752629
Printed in Germany

VERZEICHNIS TRAUMMATERIAL

BEGLEITMATERIAL

Material B

Synopse ohne System – die Chronologie der Träume

Material C

Basisanalyse – Deutungsbefunde ohne Heilungsprognose

*Ähnlichkeiten mit realen Ereignissen und Personen
sind rein zufällig.*

TRAUMMATERIAL

MATERIAL A 01

FELD UND HIMMEL,
TAGTRAUM NEONFARBEN

Ein blutroter Mond pulsiert
am fluoreszierenden Himmel.
Ich glaube irgendwie, es schneit.
Starfighter taumeln durch die Wolken,
meine Hände zittern neonfarben violett.
Im Sehnerv implodieren Uniformen,
ich wechsle den glühenden Lauf.

In den Bajonetten spiegelt sich
mein Schrei.
Das Prinzip von Feuer und Bewegung
wird im Nahkampf surreal.

Verteidigungsfall:
Wir vermuten Tag 40 – oder Juni.
Schützenpanzer im Gegenstoß,
in der Ferne explodieren Tannen.
Ich wische das Erbrochene vom MG.
Aschgraue Adern durchziehen meine Augen,
mein Blut schneit in Flocken vom Himmel herab.
Tag und Nacht wechseln im Sekundentakt.

Die Wolken leuchten auf,
als schiene dahinter ein Neonlicht,
als hingen dort flackernde, surrende Röhren.

Die Artillerie stellt das Feuer ein,
wir lösen uns auf.
Unsere Lippen bewegen sich, als wären sie aus Blei,
unsere Silhouetten verschwimmen in Zeitlupe.

Ich gehe als Tagtraum den Bach entlang,
der Himmel wechselt die Farbe.

Ein Hubschrauber schwebt durch den leeren Raum:
Wir fliegen nach Zürich – schreit der Mann mit dem Seil.
Er dachte wohl, dass er mich kennt.
Ich weiß nicht, wo die anderen sind:
Die anderen wissen es selbst nicht.

Mein Atem ist zu schwach für den Wind –
ich nehme die Lunge aus Blech,
das Gesicht aus feldgrauem Gummi.
Ich gehe als wandernder Schatten
und reibe mir fröstelnd die Hände.
Ich will heim, ich will nach Hause –
obwohl ich weiß, dass mir nichts bleibt.

Ein grünes Tal im Schneegestöber:
Schwere Wolken leuchten hell durchflutet auf
und wechseln mit einer Form von Dämmerung.
Im Bachbett klappern die Steine.

Ich bin ein Tagtraum im Sommerschnee.
Sie rufen mich.

MATERIAL A 02

DAS BLEICHE PFERD, EIN LEICHENPFERD

Das bleiche Pferd,
ein Leichenpferd,
es kommt vorbei und stirbt nochmal
für mich am Firmament.

Fatamorgana,
psychogene Bilder:
Wachtraum und Blutrausch.

Gefechte im durchschnittenen Gelände,
ein versprengter Einzelschütze im Juni, Sommer oder Mai.

Das Pferd auf der verschneiten Wiese
frisst das glimmende Sommergras.
Seine Augen glühen wie Kohlen im Wind,
Rauch quillt aus den Nüstern
und zwischen den Zähnen hervor,
wenn es atmet oder schnaubt,
fällt Asche aus seinem Maul.

Den Reiter habe ich erschossen
mit nur einem Feuerstoß.
Im Visier sah ich den Feuerkranz,
sah Schenkel, Lunge, Kiefer platzen.
Ich bin das, was im Handbuch steht.
Ich bin ein Einzelschütze im nuklearen Sommer
und handle nach eigenem Ermessen.

Nach dem Jagdkampf mache ich den Geistern Meldung:
Feind vernichtet!
Kein Hauch von Atem an der blanken Klinge.

Das Gefühl gleicht einem Stromschlag
und kommt wie Blut auf Eis,
dann folgen die somatischen Beschwerden,
als würde jemand aus den Tälern rufen
und wie ein längst verbannter Knecht
den bösen Herren mahnen.

Ich rolle mich ein wie ein Embryo:
Nach gefühlten tausend Tagen bin ich erschöpft
und neidisch auf den Toten.

Da drüben steht sein Pferd und schnaubt,
ein Dämon hat die Augen gefressen
und glühende Kohlen in die Höhlen gesteckt.
Asche fällt aus seinem Maul,
es hat den Sommerschnee gefressen –
und wenn es atmet, glühen seine Lungen auf.
Es sieht mich an mit einem Blick aus dem All
und wieder dorthin zurück.

Im Dorf brennen einzelne Häuser
wie ein stiller Friedhof vor sich hin.
Feuerwehr? Schon lange her.

Wolken flimmern vor der violetten Sonne,
Dämmerung durchdringt die Dinge
für immer und seit vielen Tagen mich.

Ich gehe durch die Häuser in den leeren Raum:
Leere Zimmer, die Leere der Skelette,
versunkene Körper auf Sofa und Bett.
Ich dusche kalt und suche nach Konserven
und im Kamin stöhnt der Wind.
Niemals länger als eine halbe Stunde bleiben.
Ich öle die Waffe und munitioniere sie auf,
es wird wieder Zeit für den Wald.

Manchmal überkommt mich das Gefühl,
jemand läge in einem der Autos und atmete schwer.
Dann schleiche ich mich an, um hineinzuschauen –
oder spüre mit der Hand am Kofferraum:
Vibriert das Blech oder nur meine Finger?
Manchmal wäre es besser, weiterzugehen
oder auf Verdacht zu schießen.
Was also tun bei zu vielen Szenarien?
Ich könnte auch mal eine Münze werfen –
doch wenn das Leben keinen Sinn hat,
was bedeutet dann der Kopf und was die Zahl?

MATERIAL A 03

HUFE DURCHSTOSSEN DEN HIMMEL

Das bleiche Pferd versinkt in meiner Seele,
taucht tief in meine Träume ein.

Auf das dünne Himmelszelt
tritt es wild und schäumend ein,
knirschend dehnt sich die blaue Hülle des Planeten,
als wäre es ein spröder, ausgebleichter Stoff,
nur Zellophan, wie heißes Glas oder neonblaue Plastikfolie:
Hufe durchstoßen den Schirm der Atmosphäre
mit einem den Atlas umspannenden Knall
und treten durch die Wolkendecke
in die grollenden Tiefen der Seele hinab.

Im Himmel klafft und zischt die große Wunde,
die Atemluft entweicht ins All,
schwarzes Licht strömt auf mich ein,
der Planet dreht sich knöchern im leeren Raum.

Glühende Hufen treten auf die lodernden Lungen ein
und brennen Löcher in Stadt und Land und Fluss hinein.
Wälder und Städte ächzen gespalten und zerquetscht –
du weißt ja selbst: Das Fleisch kann schreien.

O Herr vom Himmel sieh darein,
Du solltest Dich erbarmen,
da Du ja unser Gott bist –
oder den Ernstfall elastisch planen.

Alle Pläne funktionieren –
dann triffst Du auf den Feind.

Ein Wirbelsturm saugt Menschen und Ideen an,
ich kreise zwischen toten Bildern,
flammend und fauchend wird das Zelluloid zu Staub,
mein Leben verpufft zu einer schweren Wolke,
in meiner Seele implodiert das Vakuum –
in memoriam.

Das ist mein Alptraum von Trennung und Spaltung:

Ich spüre, wie das Grauen meine Seele spaltet,
wie ich mich vor meinem oder deinem Grauen fürchte
und die Angst vor dem Grauen mich mit Grauen erfüllt,
wenn das Grauen als Asche aus dem Maul eines Pferdes fällt
und Wald und Wiese verschüttet und erstickt,
wie ein böser Vulkan, der meine Welt mit Lava überflutet,
in der Hölle einer klaustrophobischen Geschichte,
dort, wo ein Mensch versteckt in einem Kofferraum
sich weder befreien noch entscheiden kann:
Soll ich atmen oder soll ich schreien?

MATERIAL A 04

BLUTDRUCKWELLEN, DIE SONNE ALS SCHATTEN

Bäume gebogen, Bäume gebrochen,
Augen zersplittern wie Fensterscheiben.
Schwankende Städte, ein Dorf geht als Erdrutsch ab.
Im Überdruck zerschellen ganze Welten,
im Unterdruck zieht es selbst den Löwen
trotz der Krallen ins Nichts.

Brennende Masken
erlöschen in der Dynamik des Orkans.
Helme knirschen wie Cola-Büchsen,
Knochen brechen wie Glas.

Beton im Aufriss, Steine zu Sand,
eine fremde Kraft verwischt die Gesichter.
Strahlung geht durch feste Wände
wie Flutlicht durch ein Zellophanpapier.
Ein heißer Rüssel saugt
die Menschen aus dem Keller.

Deine Stadt – keuchend atmest Du sie ein:
Straßen und Menschen zu Staub und Dampf.
Spaltprodukte beginnen mit der Invasion
und marschieren ohne Erklärung in die Lunge ein.

Jemand sitzt auf dem Dach des Kirchturms
und heult wie Hund in der Nacht.

Die alten Götter
in den tiefsten Höhlen der Alb,
autorisierte Verzweiflung
selbst in klimatisierten Regierungsbunkern,
verfrühte Hoffnung
in den Schwarzwaldtälern unter 2 psi,
hoffnungslose Angst
in den Heizungskellern abgelegener Fabriken.

In den Wasserwerken blubbern Tauchanzüge
und schweben zwischen blauen Kacheln:
Wir verschlucken Gefühle und ersticken daran.
Der Homo sapiens, auf Gefühle reduziert,
schnappt nach Luft, wie die Fische es tun,
oder wie ich selbst in anfallsweiser Atemnot.

Mein Blutdruck steigt mit der Angst
und erdrückt die Sehnsucht im Kehlkopf.
Wut und Trauer, sie halten gefangen
oder sprengen die Fesseln der Vernunft,
malade, aus dem System der Planeten entrückt,
kommt die Sonne des Sommers als Schatten zurück:
Ich sitze bei Dir und kann es nicht fassen –
Deine Seele hat den Körper verlassen.

MATERIAL A 05

FEUERSTURM, KARPFEN SPRINGEN IN DIE LUFT

Höhendetonation im Leuchtmaximum:
Ein stummer Blitz erhellt den Horizont.

Die Balken im Fachwerk brennen von innen heraus,
Bäume entflammen wie Pappe und Papier –
entzündet von unsichtbaren Händen.
Die Seen kochen,
Karpfen springen in die Luft.
Die Flüsse verdampfen bis aufs Kiesbett.

In den Lippen steigen Blasen auf und pochen,
in einem Brustkorb bricht ein Feuer aus.
Das Brennglas geblendeter Augen
brennt Bilder in meine Seele hinein.
Die Asche blauer Augen mäandert im Flug,
ich ersticke an meinem eigenen Atem.

Ein Schrei kriecht den brodelnden Gehweg entlang.
Tote Gehirne memorieren Lebensläufe,
kochen auf zu Schaum und quellen aus dem Schädel.
Auf der Straße glüht ein Kniegelenk: metallisch.
Ein Schützentrupp verdampft zu einer weißen Wolke,
der SPz glüht auf und ächzt, versinkt im Teer.

Mein Pulsmesser implodiert bei 240,
das Blut in meinem Herzen scheint zu kochen,

meine Wangen dröhnen, platzen, reißen –
mein Gesicht fließt als Lava herab.
Ein unsichtbares Band umschlingt die Kehle.
Die tiefen Betonwände leuchten auf –
dann wird die Wand des Hauses Gummi
oder fällt und steht nie mehr.

Einsam kreist ein Satellit um den Planeten Erde
und macht mechanisch seine Bilder.
Ein Feuersturm durchströmt das Land
vom Feldberg bis zum Brocken,
von den Nordseeinseln bis zum Bodensee
erzeugen die Schläge atomarer Treffer
einen rollenden und tosenden Klang:

Das Land in Flammen und die Hölle leuchtet
bleiche Wolkenpilze schauderhaft von unten an.

MATERIAL A 06

KONDENSSTREIFEN, KONDENSSTREIFEN

Ein Kugelblitz im Schneegestöber,
schwarze Kristalle fallen aus den Wolken herab.
Das Feuer weicht dem Sommerschnee,
im Auge verbluten die Flocken.

Menschen aus Glas zerbrechen bei bloßer Berührung.
Ein Kind saugt an der Brust der erfrorenen Mutter.
Das Herz in meiner Hand platzt wie ein Luftballon im Frost.
Die Fäden reißen und stumme Puppen fallen vom Balkon.
Vor der Klinik stapelt ein Optimist die Toten.

Der Himmel tönt hohl im Schatten der Blitze,
ihr Donner verhallt im leeren Raum.
Jahreszeiten im täglichen Wechsel
klirrende Hände und die Wolken neonfarben.
Ein funkelnder Jet zerbricht
an einer unsichtbaren Mauer.

Code 4325:
Ist da jemand?
Können Sie hören?

Kondensstreifen, Kondensstreifen.

MATERIAL A 07

DEUTUNGSHOHEIT, DAS MÄANDERNDE GESCHOSS

Motorisierte Verbände stoßen in der Ebene durch,
sie setzen sich fest in der Tiefe des Raums.
Manche kämpfen in Feuer und Bewegung,
andere dienen der Koordination.
Pulsierende Rohre zielen tief in die Tannen,
Jägertrupps halten dagegen,
aus Gräben und Löchern,
Waldkampf heißt Nahkampf.
Entlastung im Gegenstoß:
Der Weg aus dem Feuer
ist der Weg in das Feuer.

Hier gibt es keine Heldenträume,
nur tote Eichen, krumm und fahl.
Leere Fallschirme taumeln vom Himmel herab,
der Wind weht Soldaten wie Laub durch die Wälder.
Die Offiziere in den Bunkern schütteln graue Hände.
Defensive Linien deformiert und verworfen,
Angriffswellen verbraucht und zerstreut:
Ein paar Strategen mit keuchenden Stimmen
deuten divergierend die Situation.

Tief im Wald versprüht ein Panzer die Reste seiner Munition,
aus dem Turm kriecht ein Staatsbürger in Uniform:

Seine Vorderzähne qualmen aus den Rissen,
die Wangen gebrochen und bis auf die Knochen verkohlt.
Die Finger verschmoren am Griff der Pistole,
bis der Schuss von selber bricht.

Der Tod ist seiner Seele noch nicht einmal bewusst,
da hat ihn das Geschoss schon wieder verlassen,
fliegt einfach weiter, taumelnd und mäandernd,
durch den blauen Juli oder auch August.

MATERIAL A 08

SCHNEE IN DEN KÖPFEN, MEIN HIMMEL SCHWARZ

Der Himmel fluoresziert vor den Tiefen des Alls,
Blitze steigen vom Boden empor.
Ein Flugkörper zerplatzt
in einem Feuerball.

Boden-Luft-Raketen steigen
und hinterlassen wellige Streifen.
Tag und Nacht wechseln
chaotisch, völlig spontan.
Geschwader formatieren den Himmel,
Körper verglühen zu Asche.
Turniere in den Wolken, Gegenoffensive,
auf dem Radarschirm pochen Punkte.

Das Thermometer und die Straßen kochen,
doch in den Köpfen beginnt es zu schneien.

Die See schäumt auf,
neongrün leuchtet die Tiefe.
Die Sonne will blutende Schatten schreien.
Die Nacht, sie leuchtet wie der Tag –
das Licht aber wird Finsternis.
Zeichen und Bilder auf Stahl und Beton,
von Feuersäulen eingebrannt.

Deine Sphäre schnitten sie von meiner ab,
von einer Sekunde zur anderen.
Ich stand nachts am Fenster und hörte Musik,
als der Schnitter durch die Blumen ging.
Ich kann nicht glauben, was das Telefon mir sagt,
ich wollte doch gerade fahren,
ich schaue in den sonnenhellen Garten
und erzähle mir selbst, was gerade geschieht.
Die Sonne kann nicht anders
als frühlingshaft zu scheinen,
doch mein Himmel bleibt für immer:
schwarz.

MATERIAL A 09

SINTFLUT, HIMMELFAHRT, PFERD LEUCHTET

Tausend Hülsen pro Minute fallen in den See.
Darüber feuert ein Hubschrauber,
hält kurz die Position und dreht dann ab.

O Geist des unsichtbaren Lichts,
strahle in uns, mit uns und durch uns
und vernichte unsere Feinde.
Sei still, wir beten.

Mein Alptraum fällt wie eine Bombe in das Stauseetal hinab,
Meteoriten aus dem Reich des Bösen treffen den Damm.

Ich schwebe unter Wasser,
ein Bauernhof blubbert und starrt aus der Tiefe herauf.
Aus den Schützenpanzern steigen Blasen auf,
die Strömung verformt die bleichen und leeren Gesichter.
40 Schläge kann mein Herz noch pumpen,
die Lungen tönen blechern wie zerquetschte Dosen,
unsichtbare Hände verwischen den Hof.

Unter mir die wogenden Tannen,
neben mir ein Pferd mit großen Augen,
es muss der tiefen Strömung folgen,
die es ansaugt, fortreißt und verschluckt:
Ich weiß nicht, was das ist –
dieser Blick?

Am welligen Himmel schwimmen zappelnde Schatten,
auch ich durchstoße die Wasseroberfläche.
Die Luft ist brütend warm, schwarze Punkte schwirren
in meinem kalten Schädel taumelt ein Gehirn.
Aus der Klamm heraus flachen die Fluten ab,
das Tal wird breiter.
In den Bäumen hängen Helme und Waffen,
aus meiner Parka fließt das Wasser ab,
Rotoren dröhnen vom Himmel herab.

Ich ertaste meinen Puls und keuche,
alles fühlt sich trübe an und leer.
Doch das Bild des Pferdes glüht in meinen Augen
weiter und schwebt in Gedanken vor sich hin,
als hätte all sein verschwommenes Leuchten
irgendeinen tieferen Sinn.

MATERIAL A 10

MUTATION, BILDER OHNE BEFEHLSKETTE

Bäume flüstern tote Silben,
als würde es brennen, so knistert das Gras.
Der Boden brodelt und wabert vor sich hin,
Kräfte dehnen die Grasnarbe.
Da drüben platzt die Wiese auf,
mutierte Energie erwacht,
ein monströses Maul
bricht durch und schnappt nach Luft.
Seltsam böse Tiere fressen
einen Schrei.

Ich ducke mich tief in meine Schützenmulde,
und lalle Silben vor mich hin.
Ich bin kein Mensch und doch kein Tier.
Ich sterbe als Zweiter, denn sie schießen zuerst.

Junikäfer, flieg, du kommst zu spät zum Krieg!
Der Krieg kam in mein Bundesland,
doch Bundesland ist abgebrannt.
Teils Anarchie, teils Feindeshand,
im Ganzen ein verstrahltes Land.

Die Invasion der Irritation:
Die alten Drachen wechseln Farbe, Eigenart und Form.

Dort hinten die Bergwiesen,
sie schmiegen sich an den erkalteten Vulkan,
Libellen schweben, werfen Schatten
und fressen Fallschirmjäger im freien Fall.

Den Hang hinab, da rauscht ein Tal,
dort liegt mein Schützentrupp verstreut,
der SPz ist ausgebrannt und glüht,
sein Stahl verändert die Farbe im Wind.

Ein roter Ochse mit gelben Hörnern
stampft auf mich zu und fragt:
Bataillon 211?

Zusammenhängend nicht mehr zu verteidigen:
Souveränität bedeutet nichts
auf einem Planeten der Ameisen und Wiesenkäfer.
Bilder ohne Befehlskette überschwemmen mein Gehirn:
Der Krieg im Sinne von Befehl und Gehorsam
ist jetzt für mich vorbei.

MATERIAL A 11

ICH BIN ICH, TIER UND VISION

Die Gasmaske verdampft auf dem Gesicht,
meine Augen brennen wie glühende Kohlen.
Ich taumle durch ein vergessenes Wiesental,
mich krümmt der Schmerz wie das Bachbett das Wasser
und meine Augen quellen heraus wie Schlamm.

Asche fällt aus meinem Mund, wenn ich huste.
Selbst meine Zähne beginnen zu bluten,
ich verschlucke das Blut und erbreche es wieder.
Ich gehe und belle auf allen Vieren
und atme wie ein sterbendes Tier.

Auf einer Kiesbank unter schattigen Bäumen
fantasiere ich ein Pferd, das vor mir scheut
aus Angst, mein Totemtier zu sein.
Ich nehme die Tabletten kniend,
dann falle ich bestimmt mit dem Kopf ins Wasser
und ertrinke im Schlaf, so kehre ich heim.

Gedanken oszillieren zwischen Stammhirn und Gott:
Ich bin ich,
nichts anderes.
Ich trage keine Attribute.
Eine Lunge voller Blut ist Deine Seele,
Dein Herz ist ein Maul voller Asche.
Dein taumelnder Wille pulsiert luzide
zwischen Prophezeiung und medikamentösem Wahn.

Dennoch lasse ich Dich atmen,
und wenn ich atme, ist mein Atem in dir.
Ich spreche ohne Rolle
und bin nur grammatisch die erste Person.
Ich bin nichts, was Du Dir denken könntest,
und doch bin ich Dir näher als Du selbst
und lasse Dein Herz aufs Neue schlagen:
Du wirst mich in Dir und Dich in mir
mit Deinem letzten Atemzug erkennen,
ich werde Dich und Du wirst mich
an einem anderen Tag beim Namen nennen.

Überall Krater, überall Krater und Rauch,
im Bach fließt rotes Wasser.
Uniformen und Helme ragen aus dem Wiesenschlamm.
Der Schaum in meinem Mund schmeckt bitter,
ich taste nach dem Gewehr im Kies.
Erbrochene Paste klebt auf meiner Uniform,
ich spüre beim Gehen den Kot im Arsch.

Da steht ein Panzer, in dem noch das Einschussloch glüht,
ein Regen kommt auf und zischt auf dem Stahl.
Durch die Wälder hallt ein fernes Grollen,
schon pfeifen Splitter durch die tiefen Wolken:
Raus aus dem Tal!
Selbst der lebendige Gott müsste keuchen,
müsste er wie ich um sein Leben rennen,
mit einer Maske durch die dunklen Täler,
durch die Orte mit den Nadeln der Feldherren darin.
Du weißt es nie wirklich:
Was ist hinter dem Hügel?

Nur die Toten sehen durch die Hügel.
Am Hügelkamm fange ich zu kriechen an,
eine Wiesenblume schmiegt sich Schutz suchend an.
Ein Pferd steht allein am Hang,
als hätte es auf mich gewartet,
auf Befehl, im Schock oder im Bann.
Es trägt eine Maske
und ich höre die blechernen Filter:
Es atmet schwer
und es sieht mich an.

MATERIAL A 12

FEUERKAMPF UND ILLUSION

Kriegstagebuch:
Feuerkampf am Feldkreuz.

Wenn die Götter weinen,
sammeln wir Menschen die Tränen.

Zurück in die Tiefe des Verfügungsraums!
Tief im Beton, da will ich tausend Jahre schlafen,
daheim die Anarchie überleben.

Sie folgen meinen Spuren schon seit Stunden,
ein Trupp ohne Auftrag, Plünderer auf Hasenjagd.
Sie kommen jetzt über den Hügelkamm, nachlässig,
nur Silhouetten, schwarze Scheiben ohne Formation.
Visier auf 200, zwei Schuss pro Mann,
liegend aufgelegt hinterm Feldkreuz.
Vernichtungsfeuer: Im Visier fallen die Bilder um,
die Opfer zuerst und dann auch die Retter.
Ich wechsle Magazin und Stellung,
das Programm läuft ab.

Mich binden Schwur und Uniform,
doch in meiner Lunge schwappt eine Lache Blut.
Sprich mir nach, Soldat:
Ich beherrsche die Angst durch mein Tun.
Ich beherrsche die Angst durch mein Tun.
Mir ist, als hätte ich den Alptraum nur geträumt,

dann wache ich auf und bin allein.
Jetzt geht es nur noch um meinen Kragen,
ich lege das Tagebuch weg.

Dort in der Senke steht ein Brunnen.
Mir ist, als zische mein Herz im Wasser,
als fielen meine Augen in die Tiefe hinab,
als lösche das Wasser die keuchenden Lungen,
als fände ich Ruhe neben dem Grab.
Mir ist, als wolle jemand mit mir sprechen,
doch es sind nur Silben, nicht zu verstehen.
Einen Augenblick lang bin ich glücklich
wie ein Kleinkind in der Sonne,
daheim bei der Mutter, daheim in der Stadt,
daheim beim Vater, daheim in der Zeit.

MATERIAL A 13

ICH SPÜRE – DIE GRENZEN MEINER WELT

30 Röntgen pro Stunde
sind die Grenzen meiner Welt.
Die Stadt liegt unerreichbar nah,
wohin ich auch gehe, mir folgt die Ferne.
Ich huste und spucke fluoreszierenden Schleim
in den Sommerschnee.

Ein Hubschrauber schwebt durch den leeren Raum.

Umkehrstrahlung:
Mein Kopf stößt auf gläserne Mauern.
Ich ahne die Kraft der Wellen –
ausweichen, umkehren.
An der zerschossenen Tankstelle vorbei,
Nahrung aus verstrahlten Gebieten ist tödlich.

Das Schneegestöber wird immer dichter,
ich nehme den weißen Poncho.
Der ganze Spürtrupp tot im Wagen,
schweres MG von vorne.
Noch immer starren mich die Masken an,
die runden, verspiegelten Augen.
Leichte ABC-Schutzbekleidung, zwei Spürgeräte,
Jodtabletten und ein Kanister Benzin.
Spüren?
Der Weg des Spürens ist assoziativ,
Spaltung und Verschiebung,

Sprünge im Geist,
die Dinge bleiben unklar.
Träume wirbeln durch die Tage wie Kristalle.

Manchmal will es wieder Sommer werden,
doch eine Form von Dämmerung
lässt die Temperaturen fallen.
Lose Spuren im Pulverschnee …
ich gehe die alten Straßen,
das Pflaster leuchtet bei Berührung auf.
Was der Sommer fühlt und brennt und blutet,
wird schwer im Herzen und spaltet es entzwei.

Ein blutroter Mond fluoresziert
am neongelben Himmel.
Auf der Streuobstwiese
kollabiert ein Baum.

MATERIAL A 14

GEISTER, WALD UND DORF

Ich kralle mich in den Steilhang hinein
und schaue in die wankende Ebene hinab:
Maschinen dröhnen über die Tannen hinweg,
Piloten mit verspiegelten Visieren
starren auf die überdehnten Bilder
im Tunnel der Überschallgeschwindigkeit
wie in einem sinnlosen Traum
und folgen dem Autopiloten
auf die verzeichneten Landebahnen
im sinnentleerten Raum.

Manchmal schlagen sie in sprühenden Farben
wie Meteoriten ein
und setzen die Wälder in Brand.
Ich habe eine Maske und ein Spürgerät
und nutze die Schatten der Bäume als Tarnung.
Ich suche die verborgenen Schätze,
geheime Lager zwischen Wurzel und Fels,
und krieche dabei wie ein verschlagenes Tier.
Skelette keuchen und taumeln durch die Tannen
und manchmal hallt zwischen den Stämmen ein Schrei.

Tal, Schlucht, Klamm.
Der Schachtelhalm wächst unaufhörlich.
Ein Salamander schleppt sich über das Moos.
Auf dem Waldweg blieb eine mechanisierte Kolonne liegen,
Ameisen quellen aus den Löchern im Stahl,

die Messwerte steigen auf 30 Röntgen.
Ein Trupp Nebelmänner winkt mir zu:
Steig mit uns ein, stoß mit uns vor.
Ich fand mich wieder, wo ich euch verlor.

Luzide Bilder brechen wie Tiere
zwischen den leuchtenden Tannen hervor.

Auf dem Wanderparkplatz angekommen
finde ich mein Auto nicht mehr.
In den Reifenspuren brennt Benzin.
Ein Windstoß treibt Stimmen an mein Ohr.
Deckung nehmen, Bajonett, Gewehr:
Ich lege den Hebel auf Feuerstoß.

Im Dorf dröhnen Motoren, Schreie und Gegröle,
als gingen monströse Tiere dort umher.
Die Wölfe mit verfaulten Zähnen
flüstern Bilder in mein Ohr
von blutigen Schenkeln und gesprungenen Lippen.
Scheiben klirren, Türen brechen und Stunden vergehen –
irgendwann ist es dann vorbei,
die Feuer verlöschen wie ein erstickter Schrei
und selbst der Rauch geht seiner Wege.

Ich streiche diesen Tag aus jedem Kalender,
doch das Trauma steigt in jeder Nacht empor
wie ein Schwimmer mit einem zappelnden Köder:
Ich fand nie heraus,
was ich an diesem Tag verlor.

MATERIAL A 15

SCHALLMAUER, URKNALL, KONTAKT BRICHT AB

Kondensstreifen fliegen Ziele an,
die es längst schon nicht mehr gibt.

Detonationsblitze spiegeln sich
in den Pfützen gefrorenen Blutes.

Die Heimat wandert mit den finsteren Wolken fort
und fällt als Asche wie aus einer Urne
oder regnet irgendwann herab.
Unter den Häusern kriecht kochende Lava.
Es wechseln Regen, Staub und Schnee.

Mich trifft eine bleierne Salve,
ein Spuk im Pulverdampf der Linieninfanterie.
In der Mesosphäre ist es nicht geheuer.
Du hörst, wie die Piloten auf Mauern prallen,
feurige Streifen durchziehen die Nacht.

Häuserkampf, Kollateralschäden, nukleare Visionen,
Fallout und Seuchen, verstrahlte Tiefkühlkost, Chaos.
Krater mit städtischen Rändern, die Provinz als Chance.

Wir beten die fdGO mit fiebrigen Händen
und elektromagnetisch gestörten Synapsen.
Betet, die ihr verzweifelt oder politisch seid:
Wo sich zwei im Namen des Grundgesetzes treffen,

da könnte Deutschland auferstehen
als Wirklichkeit der sittlichen Idee.

Schau, dort reißt der Himmel auf:
Die Wolken über dem verschneiten Berg
weichen einen Augenblick der Sonne.
Ein schwarzer Bergsee unter dem Gipfel
spiegelt die Kondensstreifen
als sinnlose Muster.

Ein silberner Jet donnert das Tal hoch,
über die Gipfel und in die Wolken hinein.
Mein Skelett empfängt wie eine Antenne
das Knistern im Cockpit,
die Suggestion einer Botschaft:

Schallmauer durchbrochen –
Urknall.

Der Kontakt bricht ab.

MATERIAL A 16

LAVA, LEUCHTSPUR, POESIE

Der Traum, in dem wir sterben,
zeigt uns einen neuen Weg.

Alle Figuren ziehen elektrisch geladen,
die schwarzen Türme drohen mit Röntgenangriff:
die Dame, der König und am Ende ich.

Im Bachbett kochen polternde Geister,
ihre Stimmen ionisieren die Luft.

Ein Auto schrumpft und stößt Dampfwolken aus,
die Sommerreifen platzen und dann der Motor.

Die Bäume ächzen und knarren,
grauer Qualm dringt aus Rinde und Ritzen.

Aus den porösen Bergen sprudelt orangene Lava
und setzt verblichene Dörfer in Brand.
Manche reden im Traum oder rufen in Sanssouci an.

Grenadiere marschieren als U durch nuklear verseuchte Wälder,
das Pulver in den Patronen fängt von selbst zu zünden an.

Ein Raubfisch schnappt nach dem Mond auf dem Teich.

Hier im Wald spielte ich Schach
mit meinem schwersten Gegner.

Der Mann saß gegenüber,
doch für mich blieb er ohne Gesicht –
ich fühlte mich, als hätte er gar kein Gesicht.
Das Spiel verlor ich und fragte nach dem Namen,
doch er sprach mir nur sein Beileid aus.

Jetzt kommen sie über die Lichtung
und stimmen ihren Kampfschrei an.
Meine Hände spüren das pochende MG,
das schwarze Blut pulsiert in meinen Fingern.
In der Luft fangen die Geschosse zu glühen an
und ziehen eine leuchtende Spur ins Ziel:
Die Poesie der maschinellen Waffe
repetiert den immergleichen Traum
als Wahn.

MATERIAL A 17

DU TRÄUMST NIE MEHR,
ALS DU ERTRAGEN KANNST

Im Garten steht ein feindlicher Panzer,
die Hunde fressen das Fleisch aus den Ketten.

Im Panzer grölt die Mannschaft
und gießt Schnaps auf blutleere Lippen.
Sie feuern sich an und ich höre die Schläge.
Manchmal lachen sie, lallen oder singen was,
dann stöhnt wieder einer wie ein sterbendes Tier.
Der Offizier ist schon fertig und raucht.

In den Tälern fängt die Artillerie zu donnern an –
Kolonnen unter Feuer, Stahl zu Staub.
Ein brennender Riese zertrampelt Straße und Gräben,
seine Konturen verlieren sich im Qualm.

Der Panzer dreht die Kanone und legt auf mich an:
Kommst nie mehr nach Hause, kommst nie mehr heim.
Das Rohr saugt mich an und saugt es mich ein:
Ich ersticke im Stahl und laufe blau an,
ich ersticke tagelang und schau mir meinen Grabstein an.
Das ist das Grauen von Anfang an:
Das Unerträgliche – unerträglich lang.

Mein Unterbewusstsein will mich noch nicht erlösen.
Violette Planeten reden auf mich ein:

Was ist nur aus Dir geworden?
Das kann doch nur ein Alptraum sein.

Sie kommen durch das Tal und stimmen ihren Schlachtruf an.
Es sind so viele, dass meine Hände zittern,
sie sind schon auf 300 Meter ran.
Abschüsse vom blitzenden Gegenhang,
ein hohler Schatten zieht den roten Pflug durchs Land,
Granaten kochen das Wasser im See.
Der Feind im Visier nimmt Formen an:
Feuer frei – der erste grüne Strich knickt ein.
Träume ich das alles wirklich ganz allein?

Ich schrecke kurz auf und falle wieder in die Tiefe
einer bewusstlos bewussten Klaustrophobie:
Du träumst nie mehr, als Du ertragen kannst.

MATERIAL A 18

EIN BATAILLON KÄMPFT NIE ALLEIN

Es zieht ein Bataillon vom schwarzen Wald herauf,
es zieht ein Bataillon vom schwarzen Wald herauf!
Der Grenadier zu Fuß und der Offizier zu Pferd:
Wir machen niemals kehrt.

Tief in den Schatten und zwischen den Reihen
marschieret und ächzet der Tod.
Er zählt alle Namen und Taten auf:
Du kämpfst niemals allein.

Es zieht ein Bataillon vom schwarzen Wald herauf,
es zieht ein Bataillon vom schwarzen Wald herauf!
Der Offizier sagt an und der Grenadier haut drauf:
Wir sind ein Fleisch und Blut.

Tief in den Schatten und zwischen den Reihen
marschieret und ächzet der Tod.
Er zählt alle Namen und Taten auf:
Wer heute stirbt wird ewig sein.

MATERIAL A 19

GOTTESSEHNSUCHT, GOTTESFERNE

Ein Pilot hängt im zerquetschten Cockpit,
das verspiegelte Visier starrt ins Leere,
aus dem Loch in seinem Helm
sprühen Funken: gelb und rot.

Überall stehen Geister am Ufer
und überqueren den See,
sobald das Sperrfeuer nachlässt.

Ich frage Dich:
Warum?
Du sagst mir:
Du denkst wie ein Mensch.
Es gibt kein Warum.

O Herr, was war meine Sünde?
Der Schaum der Schande sammelt sich in meinem Mund
und ich bete zu Dir mit erfrorenen Lippen,
Du wirst mich also kaum verstehen.
Am Ende meiner Kraft durch die Macht der Spaltung –
zu spalten bist Du gekommen?
Worte der Heilung oder Versöhnung sind Illusion oder Hohn –
bist Du ein Gott der Schöpfung durch Vernichtung?
Ich suche Dein Licht und das Wort und Dich.
Suchst Du schon die Route zu einem neuen Planeten
und ein neues Design für das Leben?

Sei meinetwegen kreativ, doch dieser Krieg ist es,
ja ich weiß, Du hast ihn nicht verschuldet,
der uns auf tausend Jahre im Glauben erschüttert
und unsere Herzen entzweit.

O Herr, gib mir ein Zeichen:
Wozu bin ich erkoren?
Was gilt es zu tun in einer sinnlosen Welt?
Noch immer bin ich voller Glauben
an Dich, O Herr, mein Gott,
doch der Glaube an den Glauben
ging mir irgendwo verloren
auf dem Weg –
dem Weg zu Dir.

Choral - über den Wassern zu singen:
Die alten Wälder leuchten aus der Tiefe auf,
Wellen von Licht durchfluten das Herz.
Glühende Bäume erfallen zu Asche,
die Funken folgen dem Sog in die Nacht.

MATERIAL A 20

TRAUMFELD, TEICH ROSA PULSIEREND

Ich träumte, mir war es,
als ging ich mit meinem Vater aufs Feld.
Da war ein Spalt im Boden,
da quollen Stimmen heraus.

Ein Pferd mit leeren Augen
fraß dem Vater aus der Hand,
wir wussten nicht, wem es gehört.

Die Erde begann zu beben,
ich hörte, wie ein Fenster zersprang.
Im Autopark schrillten Sirenen.
Ein tosendes Licht am Firmament –
und ich sah die Häuser wanken
Sekunden nur und doch ein Leben lang.

Es gibt keinen Bunker für immer,
die schützenden Höhlen sind Illusion –
kein Volk, das im Kalkstein überlebt,
nur Zwerge, die mit Ratten kämpfen.
Schrei auf Schrei wird zur Sirene,
wird Endlosschleife und Pschogramm –
das Ohr schlägt Alarm.

Aus dem Spalt im Kalkgestein wehen bunte Bänder
und flattern hoch in den Himmel hinein.
Mein Vater nimmt die Totenmaske ab
und bedeutet mir zu schweigen,
er zeigt auf den vereisten Sommerteich.
Rosafarben und pulsierend
tun es die Wellen dem Himmel gleich,
und am Ufer gegenüber
erschießt ein Schützentrupp die Angler.

Ich blicke zum Himmel hinauf,
durch hohle Wolken hindurch.
Ein Bundesadler sondiert die Neonwüste
und hält die Geoposition.

MATERIAL A 21

WOHNANLAGE – DAS TELEFON IST TOT UND LEUCHTET

Das Telefon ist tot und leuchtet,
es leuchtet wie von innen hell.
Auch ich bin metaphorisch tot
und lasse grüßen.
Wir schreiben keine Karten mehr,
sie bleiben doch nur auf der Strecke.

Kann Plastik Licht sein, höre ich Stimmen?
Warum läutet das Telefon selbst ohne Strom?
Wann wird Verdrängung zum Symptom?
Der Apparat ist tot – doch wer ruft an?

In der Nacht greifen Hände durch den Beton
und leuchten in meine Wohnung hinein.
Ich spiele dystopische Motive auf einem Synthesizer
und lalle ein Lied zu meiner Beruhigung.
Im Aquarium blubbert schwarzes Öl,
ein Tanker schwankt in den Wellen
und verblutet im Meer.

Draußen auf dem Spielplatz sitzt ein Hund und brennt.

Im Türspion erscheint ein fremder Mann:
Die Wiederkehr des Verdrängten?
Er sagt, er komme nicht zu strafen.

Er sagt, er werde mich töten –
wie überhaupt alle und wie meine Eltern vor mir.
Was wollen diese Träume nur von mir?

Ich will nicht, dass die Stimmen sprechen.
Verdrängung und Wiederkehr,
Symbolik, Projektion –
warum wird alles, was ich einfach nehmen will,
am Ende immer doppelt so schwer?

Wenn jemand an der Türe schraubt, benutze ich die Waffe.
In den Wäldern und zwischen den Mauern
jagt noch immer der versprengte Feind,
will Autos, Gold und Frauen,
eine Dusche nehmen oder einen Trip ins All.

Leere Gesichter liegen verstreut in der Halle,
leere Spiegel zerspringen im brennenden Stroh.
Die Masken fallen und zischen im Schnee,
auf jeder Stirn ein Flügelrad aus Asche:
Was wir sind, das waren sie.
Was sie sind, das werden wir.

Ich bin ein Gefühl und kein Pronomen,
ich gehe verloren durch die taubstumme Stadt.
Ich drehe die Karte hin und her
und nehme die Bilder näher her:
Doch wo die Menschen gehen sollten
und wo die Häuser stehen sollten,
spüre ich nur noch die Leere in mir.

MATERIAL A 22

BURG AUS BETON, DÜNNE WAND
UND ZWEITE PERSON

In den Geisterfabriken vibrieren Automaten:
Maschinen produzieren Maschinen, die Maschinen produzieren -
mit Gesichtern aus Silikon.

Tagesreste flimmern auf den Mauern,
Filme aus der Vergangenheit.
Ich habe eine sichere Wohnung und kleine Verstecke
für Wasser, Konserven, Munition und Medizin.
Autoschlüssel und Schlüssel zu Häusern
im Osten und Westen, Norden, Süden
und auch in der Mitte der Stadt.
Ich verbrenne beim Fahren verstrahltes Benzin
und putze mir noch immer die Zähne.

Niemals schalte ich das Licht ein,
ich gehe nur nachts und spreche keinen an,
falls ich einem der Schatten begegne.
Die Schizophrenie der Wohnanlage,
eine Sozietät der lebenden Toten.

Sprich mit keinem, jeder braucht Hilfe.
Erst wollen sie essen, dann will man auch schlafen,
schon will man bleiben, mit mir teilen
und dann soll ich gehen oder sterben.
Wenn jemand läutet, mache ich nicht auf,
doch auch das ist gefährlich.

Draußen gehen die Hunde im Rudel,
sie saufen aus bunten Pfützen.
Finden sie nichts auf den Straßen,
dann springen sie durch Fensterscheiben.

Manchmal röhren die Motoren einer Bande
in der Tiefgarage. Immer auf der Suche nach Frauen,
nach Gold und was zum Fressen, nach Schnaps und Benzin.
Helme, Äxte, Eisenketten und durchschossene Visiere,
ein Schlachtfeld in jeder Wohnanlage: ohne Sieger, ohne Namen.
Mein stilles Gebet: der Notwehrparagraf.

Fotografien und Schaufensterpuppen,
Hologramme und Tonkassetten
spenden mir Kraft:
Kontinuität durch Illusion.

Zwischen Wahn und Wirklichkeit lag für mich
symbolisch nur eine hauchdünne Wand.
Und ein Gesicht aus Plastik war schon alles,
was mich von den tiefen Tälern trennte
in meiner strahlentoten Welt.
Die Angst, an all dem Grauen in der Seele zu erkranken,
machte auch für Dich eine Puppe, das Bildnis, den Abgott
zu einer zweiten und lebendigen Person.
Für mich war es das wahre Leben –
nur eben eine andere Version.

MATERIAL A 23

SAMURAI-GIRL, EIS UND AUGEN KNIRSCHEN

Das Blut fließt aus dem Arm des Mannes
wie aus einem sich schlängelnden Schlauch.
Sie trägt ihren schwarzen Kimono
und hält das Schwert,
als wäre es ein Teil ihrer selbst.
Dann trifft ihr Fuß das Knie des Mannes,
der knickt ein, schaut seiner Hand beim Sterben zu:
Die Finger krümmen sich,
als könnten sie den Tod begreifen.

Ein Hund leckt das Blut aus der Pfütze.

Sie ist kein Frischfleisch,
ihr Schwert die Addition von sieben Klingen.
Ich ging mit ihrem Vater ins Fechten,
wir brachten ihr die schönsten Finten bei –
damals noch mit dem Elektroflorett.

Aus der Ferne dröhnen die Motoren:
Das wilde Heer sucht einen Mann.
Wir verstecken uns im alten Feuerwehrturm
und erinnern sie an ihre legitimen Gründe.
Doch ihr hilft kein Notwehrparagraf
und auch kein Gott, hierfür gibt es keine Tablette,
und keine Vision, die ihre Seele zusammenhält.

Mit einem Ton muss ich umschreiben,
was ich mit Worten nicht sagen kann:
Es gibt nichts, was sie noch hält,
und ihre Blicke knirschen wie das Eis,
das in ein Glas mit Whiskey fällt.

Ein Sturm kommt auf
aus West und Ost,
ein Kreuzfeuer aus Puls und Synapsen:
ein Atemzug im leeren Raum,
Feuerschweif und Permafrost.

MATERIAL A 24

CLUB ATOMIQUE, DIE AHNEN IM MOOR

Auf dem Dach steht eine Puppe aus Plexiglas
und wechselt die Farbe im Puls von Null und Eins.
Zerschossene Leuchtbuchstaben,
verschwommen hinter Nebelschwaden:
Club Atomique.
Das Motto ist metaphorisch,
man spricht es in den Sehschlitz hinein:
Kernfusion.

Veras Lippen fluoreszieren wie Reklame.
Billie verkleidet als elektrischer Reiter.
Vanessa kniet rhythmisch im Separee.
Mandys Mund ist von innen beleuchtet.
Melanie lutscht an einem unentschlossenen Schwanz.
Für eine Line leckt Sandra nicht nur die Eier.

Anna streckt die Zunge raus und verdreht die Augen,
ihre Speiseröhre transportiert den Schleim hinab.
Ein Drink zum Runterkommen oder zur Desinfektion –
doch was hilft gegen den Ekel der Submission?

Der geile Hugo hängt tot an der Stange,
der bunte Gino treibt tot im Pool,
Sugardaddy Rolf sprudelt in der blauen Tonne:
Sieben Pitbulls hatten eine Woche Hunger,
danach gab es keine Betreiber mehr.

Discosound als Klangtapete, alles vom Band.
Sekt mit heißkühler Stirn,
Pistolenhostler an der nacken Hüfte,
an der Stange tanzt das neue Girl.
Brandlöcher im Bettbezug,
Samen im Speichel, Speichel und Sekt.
Ich will dabei drauf sein, gib mir was.

In der schlammigen Pfütze am Pool
schwimmt ein roter Mond und vibriert in Wellen.
Auf dem Hof fährt noch ein Porsche vor.
Brennende Vögel umkreisen den Club
und schrauben sich hoch und höher,
taumelnde Funken beschreiben die Bahn
und fallen als Asche in den Pool hinab.

Im Moor, da heulen die Hunde,
sie rufen die Ahnen herbei.

MATERIAL A 25

FAHNEN AUS FEUER, STAUB UND SCHNEE

Am Himmel,
da schwebt eine Wolke
seit Wochen und Tagen entlang.
Ein Wind kommt auf, sein Spiel fängt an.
Die Wolke zieht eine Fahne
aus feinem Staub übers Land
und verhüllt die Dörfer und verhüllt eine Stadt.
Leuchtzeichen bilden den Weg des Helikopters ab,
durch die Wolken trudelt er hinab.

Das Gift fließt durch die Wiesen,
in den Gräben steigt das Gas.
Wo sind jetzt meine Freunde?
Wo ist die Welt, die ich erkennen kann?
Ich taste nach dem Sitz des Filters
und reibe das Glas meiner Maske.
Mein Hologramm fängt zu lachen an
und wechselt die Seite der Straße.
Eine schwere Wolke löst sich,
strömt durch meinen Schädel
und blutet in die Wälder hinab.

Aus Feuer wird Eis
und die Luft kühlt merklich ab.
Einsame Schneeflocken taumeln herab,
auf die verkohlten Zweige legt sich ein Reif.

Die Fahnen wehen,
Fahnen aus Feuer, Staub und Schnee.
Die Arabesken meiner Identität.

Ein Bussard verschwindet
im Sog des fluoreszierenden Nebels,
irgendetwas saugt ihn aus der Ferne an.
Der Wind verweht die Sicht auf die Pferde.

Auf der glimmenden Wiese
schmilzt und zischt der Schnee.
Zwischen den qualmenden Bäumen
kollabiert ein ausgebrannter Traum.

MATERIAL A 26

PARADIESGARTEN, NUR DAS EINE LOS

Ich pflücke den Apfel und schneide ihn auf –
da quillt eine Wolke von Staub heraus.

Sie drängelt:
Komm endlich ins Haus.

Sie geht vor mir
und schaut über die Schulter zurück.
Unter den Nylons pochen die Maden.

Sie sagt:
Ich bin doch ohne Schuld.

Ein Kuss wie Blut.

Ich gebe ihr das Kortison und Schmerztabletten,
vor allem die Antibiotika.

Dein neues Auto?
Weißt Du, wem es gehört?
Rhetorische Fragen.

Sie stellt mir auch eine Frage:
Deine Pistole?

Aus den knarrenden Bäumen wabert weißer Rauch,
der Boden brodelt und schwelt.

Mein Herz hängt an einem der Äste:
Es blutet und schlägt.

Sie hält mir einen Korb hin –
mit nur einem Los darin.

MATERIAL A 27

SCHWIMMBAD, MASKEN, DUSCHE BLUTET

Der Teer auf dem Parkplatz wirft Blasen,
Schaufensterpuppen bewachen das Auto.
Ich schau mich mal im Freibad um,
bis gleich.

Tiefe Krater auf der Wiese,
Bademoden mit zerplatzten Lungen.
Ein paar Jugendliche machen Picknick.
Das Mädchen dort mit dem Himbeerkopf
betrachtet sich im Spiegel und kichert.
Ein Junge bringt Kirschen so groß wie Melonen.
Ein Mädchen ohne Bikini bimmelt
mit einem Glöckchen am blauen Fußgelenk.

Aus der Kaltwasserdusche
tropft das Blut ins Fußwaschbecken.
Der Bademeister treibt tot im Wasser,
ein Frühschwimmer hängt an der Schaukel.
Am Boden des Beckens sitzt ein Schatten
zementiert auf einem Gartenstuhl.
In den Kabinen drängeln sich die Vergewaltigten.

Seit einer Stunde ist es zwölf Uhr mittags.
Die Mörtelfugen färben sich rot
und fangen wieder zu bluten an.

Die Kids werfen sich verdrehte Blicke zu
und legen ihre Masken an, barocke Schemen
oder hölzerne Dämonen im Wind.
Jemand spricht mich hohl aus den Schatten an:
Was ist kein Mensch und doch kein Tier?
Was muss weg und ist noch hier?

Ein Junge kommt von draußen rein
und schüttelt den Kopf.
Sie lachen und lauern.
Eine Maske grinst die Kontur meiner Pistole an.
Was sie nicht sagen, das meinen sie.
Sie prosten mir zu – wie einem Überlebenden.

Auf dem Parkplatz drüben kocht der Teer.
Reifen platzen und Gummifetzen qualmen.
In meinem Autodach steckt ein Wurfspeer
und ragt aus dem Kopf der Puppe am Steuer
zum gebrochenen Mund heraus.

Mein Blut fließt ohne Sauerstoff,
als stünde ich unter dem Wasserspiegel:
Träume ich und wache ich?
Die rechte Hand scheint zu verschwimmen,
doch die linke Hand bleibt klar.

MATERIAL A 28

PRIVATE ANNONCEN, CHAOS UND ORDNUNG

Du hast es gut:
Du bist nicht von dieser Welt.
Und Deine Jünger finden Dich voll nett.
Vom Himmel schau herab in meine Träume
und lass mich nie mehr, nie mehr träumen –
oder ertränke mich im Schlaf.

Sklavin zu vergeben, 21, Ex-Fotomodell,
nur 20 Krugerrand oder Äquivalente,
garantiert nicht verstrahlt, tabulos,
elektrisches Halsband gewöhnt.

Medikamente gesucht, Antibiotika jeden Typs,
Insulin gerne mit Spritzen, Blutdrucksenker beliebig,
langfristige Geschäftsbeziehung angestrebt.

Melanie (24) oder Rüdiger (21) sorgen für Entspannung,
bewaffneter Verkauf, bieten Autos, Wasser und Edelmetall,
Käufer beim Betreten obligatorisch nackt.

Erlöse mich! Medizinisch hoffnungsloser Fall sucht
gütigen Erlöser mit Waffe, Bonus für Berufsmilitär,
Preis Verhandlungssache.

Wir, vorzeigbar, suchen 1000 Liter reines Wasser
und machen alles bei adäquater Bonität,
sicherer Parkplatz hinter dem Haus.

O, versteht ihr denn nicht:
Es geht in Wirklichkeit um das Gut von Millionen.
Überlebende, vereinigt euch und werdet reich!
Achtung Sozialisierung – der Staat will die Toten beerben.
Wohlstandswunder jetzt – aber nur für das Volk!
Treffen am Montag, Marktplatz,
je nach Windrichtung, Beschuss oder Niederschlag.

Ich empfange Botschaften aus dem kollektiven Unterbewusstsein,
alles wissenschaftlich fundiert, elektromagnetische Analyse,
Heilung der Strahlenkrankheit gegen Aufpreis,
Vorkasse als Bonitätsnachweis, gerne natürliches Trinkgeld.

Massaker am Hasenberg – die ganze Story
Auf dem Hasenberg kam es zu einem Massaker. Am Samstag trafen Mitglieder der Bürgerwehr auf eine Vielzahl von marodierenden Rockern. Diese hatten zunächst das Einkaufszentrum in Brand gesetzt, um dann in Richtung Bahnhof weiterzuziehen, wo sie die neu eingetroffene Zuteilung an Wasser und Jodtabletten in ihre Gewalt brachten. Die Kampfhandlungen zogen sich vom Gleis Süd bis zur Schwimmhalle Hasenberg. Umherliegende Leichen zeichnen den Verlauf der Schlacht nach, die offensichtlich auf dem Gipfel des Berges zuungunsten der Bürgerwehr beendet wurde. Diese wurde nach dem Eintreffen weiterer Rocker überrollt und war in die Defensive geraten. Eine letzte Gruppe von ca. 50 städtischen Kämpfern hatte sich wohl noch zur Schwimmhalle durchschlagen wollen, war aber von einem Pulk Geländemaschinen niedergewalzt und massakriert worden. Dabei hatten sie, für den Nahkampf mit Metallwaren aus dem Baumarkt bestens gerüstet, den Angreifern empfindliche Verluste zugefügt. Viele Augenzeugen berichten von einem Wirrwarr abgetrennter Körperteile, Äxten in Motorradhelmen und brennenden

Motoren. Die Verwundeten wurden zur Nacht von Plünderern oder
verwilderten Tieren getötet.
(Das schwarze Wochenblatt, Nummer 34, nächster Aushang am
Wochenende, Autor anonym verstorben)

Der Krieg begann für uns
mit einem letzten Gang zum Supermarkt,
im Slalom durch den Irrgarten der Autos nach Hause,
hastige Schritte durch die abgewürgten Straßen,
in den Kinos und Clubs Endzeitpartys unter Drogen,
überall spontaner Sex oder Gewalt,
nervöse Hände, zerschlagene Scheiben und Geschrei,
willkürliches Feuer und das Ende unserer Welt.

Verwandelt sich selbst Gottes Ebenbild zum Tier,
wenn das Monopol des Staates auf Gewalt zerfällt?

MATERIAL A 29

GESCHÄFT UND ANGST,
TOXISCHE PERSONEN

Das Leben geht auf Tiefstand:
Ausfall Trinkwasser,
Anarchie auf den Straßen.
Die Verfaulten mischen sich unter die Lebenden.
Die Freunde sind fort oder tot oder Feinde.

In dieser Nebenstraße lebt ein Mann,
den man den schwarzen Michel nannte,
oder auch: mein Kamerad.
Er lebt noch immer und hat alles hier –
Waffen, Wasser und Tabletten.

Ich traf den Michel einmal auf dem Friedhof,
als ich noch ein Junge war
und die Namen auf dem Grabstein polierte.
Er sagte mir, dass er mich seit langem kenne
und dass der Tag, an dem mein Opa fiel,
auch ihn zu einem Helden machte.
So kam es, dass er mir von Opa erzählte
und ihn durch Worte zum Leben erweckte
und wie der auf dem Feld mit dem Teufel speiste
und der Winter die offene Ader vereiste –
und dass ein MG einer Jungfrau gleicht,
die man zärtlich führt und sicher greift.
Er sang das Lied vom Überleben,
ein Lied von einem unkündbaren Pakt:

Wirf die Granate mit den Hunden des Krieges,
im Frieden aber verstecke die Hand.

Schutz-Supermarkt, Handelsgesellschaft nach Standrecht.
Geschäftsbedingungen:
Wer ohne den Kaufpreis in Gold erscheint, wird liquidiert.
Wer ohne Termin erscheint, wird liquidiert.
Wer über uns spricht oder sich an uns erinnert, wird liquidiert.
Wir betonen, dass der Herr Michel lediglich Vermieter von
Geschäftsräumen ist und nicht Ihr Geschäftspartner.
Anleitung Geschäftsablauf:
Klopfen Sie die Initialen. Sehen Sie niemanden an.
Reichen Sie die Münzen durch das Loch in der Wand.
Sagen Sie stets nur ja und niemals nein!

Kennst Du den schwarzen Michel noch?
Der damals unter dem Panzer vorkroch
und den Feind mit dem rostigen Spaten erstach?
Sag doch – lebt er wirklich noch hier?

Weißt Du denn, was der Michel ist, wo der Michel ist?
Weißt Du denn, wo der Michel ist und wer der Michel ist?
Vielleicht lebt er noch, vielleicht steht er noch,
vielleicht geht er noch beim Tag, bei der Nacht.

Kennst Du den schwarzen Michel noch?
Der damals die Frauen in Fässern ertränkte
und den Mädchen eine Krankheit schenkte?
Sag doch – lebt er immer noch hier?

Weißt Du denn, was der Michel ist und wo der Michel ist?
Weißt Du denn, wo der Michel ist und wer der Michel ist?
Vielleicht lebt er ja noch, vielleicht steht er ja noch,
vielleicht geht er ja noch beim Tag, bei der Nacht.

Sag mal, steht denn die alte Fabrik dort noch,
die damals schon Gewehre und Helme baute,
weil man Lunte roch und dem Krieg vertraute,
die heute noch Waffen an Monster verkauft,
im Anzug die Welt mit Profit versaut,
weil wir sind ja ein Frieden exportierendes Land,
wer gibt da schon die Rüstung aus der Hand?

Weißt Du denn, was der Michel ist und wo der Michel ist?
Weißt Du denn, wo der Michel ist und wer heute der Michel ist?
Vielleicht lebt er ja noch, vielleicht steht sie ja noch,
vielleicht geht da noch was beim Tag, bei der Nacht.

Zombifizierte Ideologien personifizieren sich
als Rattenfänger.
Freie Namen – in Volksliedstrophe angetreten?
Schwere Zeiten gleich toxische Gedanken?
Neue Radikale, altes Programm:
Der Staat als Leichenschauhaus der Freiheit,
als erdrückender Beschützer.
Für den Raub von Eigentum
findet immer jemand einen Grund.
Und wenn die Welt unterginge:
Keine Freiheit den Feinden der Freiheit!

MATERIAL A 30

ATOMIC DISCO, PUPPEN IM CLUB

Hinter einem Kino,
da liegt ein Disco Club
versteckt zwischen den Häusern,
da liegt ein Disco Club.
Niemals verstrahlte Getränke,
gutes Karma auf dem Dancefloor,
niemals Leichen im Club.

Ich schau in den Spiegel und wünsch mir was vom Discjockey.
Ich sage zu mir selbst: super, cool, okay.

Sprechgesang ist ein Trend aus den Staaten:
He was a prepper – hot stepper – He had brown suggar,
but no pepper – So they killed him – wrong sweater –
Their dogs ate him – they didn't hate him, but they ate him –
licking his blood from the tar plains –
Howling for love – between two ghost trains.

Die Schaufensterpuppen hier sind wunderbar,
besonders die aus den 70er-Jahren.
Marie Claire ist meine Liebe,
für Melanie bin ich nicht selbstbewusst genug,
Vanessa trinkt nur selten Alkohol,
Sabine kennt mich irgendwie von früher
und Sylvia starrt erwartungsvoll ins Nichts.
Wir tanzen mit leuchtenden Lippen,
ungelenk und strahlenkrank.

Meist lege ich alleine auf.
Meist tanze ich mit dem Gesicht nach unten.
Meist lerne ich eine der Puppen kennen.
Am Ende trinke ich immer alleine.

Ich kenne Dich, denn ich gebe Dir Namen.
Mein Atem ist noch immer in Dir
und mein Samen.

Findest Du wirklich heim zu Dir?
Ist es allein nicht zu gefährlich?
Willst du nicht noch etwas bleiben?
Ich meine, die Stadt liegt noch immer
unter dem Schleier von Angst, Wut und Trauer
und die Häuser haben geschmolzene Augen.
Ich komme anders, wenn Du denkst.

Aber wenn Du gehen willst,
dann tanze ich alleine weiter,
ich tanze im Kopf mit dem Gesicht nach unten,
einsam wie ein blindes Tier
im Kreis.

MATERIAL A 31

AUTOS, MEIN AUTO, ICH FINDE ES NICHT

Autos sind wie Geld und Waffen,
sind Todesfallen, Tierasyl und Sarg.
Autos sind Symbole:
Jeder gleicht dem Auto, das er stiehlt.

Im Tank der Autos brodelt der Wahnsinn,
der Auspuff spuckt Feuer, die Karosse ächzt,
der Drache lebt auch hier.

Wir hören die Autos um Mitternacht hupen.
Tote mit dem Kopf auf dem Lenkrad,
das geht dann viele Stunden lang.
Am Fahnenmast hängt ein Skelett
und fängt von selbst zu brennen an.
Blinde Fackeln wanken und stolpern
die stöhnenden Straßen entlang.

Ich wache auf und höre nichts.
Keine Hupe, weder Glasbruch noch Geschrei.
Ein paar Hunde schleichen durch die Gänge
und hecheln an meiner Tür.
Dann fange ich wieder zu schlafen an.
Was ist real und was ein Spuk der Synapsen?
Im Traum erwache ich und denke: Chaos.

So viele herrenlose Autos, wer sollte sie auch erben?
Es ist nicht schwer, an die Schlüssel zu kommen –
doch was, wenn im Haus noch einer lebt?

Oder was, wenn keiner mehr lebt:
Im Sessel bei laufendem TV, mit Tabletten in der Küche,
einander haltend und umarmend im Tod,
tief im Federbett versunken, am Kleiderhaken,
die Kinder in der Badewanne.

Die Opfer aus der Wohnanlage
haben wir in ihren Autos zum Sportplatz gefahren
und sie mit laufendem Motor geparkt,
die Scheinwerfer ließen wir an.

Vor meinen Augen tickt der Geigerzähler ruhig im Takt,
doch unter dem Glas da taumeln die Fackeln
und wanken auf dem Messfeld als Schreie umher.

Viele Autos haben ein Geheimnis,
doch sie reden im Schlaf.

Wo ist mein Auto?
Ist das wirklich mein Auto?
Autos, mein Auto:
Ich finde es nicht.

MATERIAL A 32

MAGNETISCHE BLITZE, BLUTBILD UND GELOBTES LAND

Magnetische Blitze klingen wie Strom auf Metall.
Elektromagnetische Felder überlagerten die Infrastruktur.

Autos und Wracks, kilometerlang,
Verkehrsinfarkt auf der Autobahn.
Regen fällt auf den zischenden Teer,
kontaminierter Staub regnet ab,
Klimakollaps, im Sommerschnee
der Staub einer verpufften Stadt.
Wir erbrechen unsere Lungen auf die Fahrbahn
und verkriechen uns nachts in den Kofferraum.

Am Fahrbahnrand der Schädel eines Generals –
ein strategisches Objekt, der letzte Bunker.
Noch immer berät sich der Stab,
verschwitzte Hände auf den Schalterflächen
geben Befehle an Truppen weiter,
die weder selbst noch als Legende leben.

Mein Blutbild gleicht einem Gemälde
von Hieronymus Bosch,
mein Blut, das kochen und frieren kann.
Meine Identität löst sich in Schichten ab
wie ein Gesicht aus Silikon.

Staub und Rauch trennen Sonne und Erde
für bleierne tausend Jahre und mehr,
fahle Träume wandern murmelnd
durch sinnfreie Welten umher.
Schwere Wolken drücken wie ein Alptraum
auf das zerquetschte und verkohlte Land.
Füße hinterlassen Spuren wie die von Lucy –
diesmal im Teer oder auf gläsernem Sand.

Als stünde ich mit Dir auf einem Mond,
geht der blaue Planet in Konturen auf,
wir warten vergeblich auf Funkkontakt.
Dein Herzschlag klingt wie eine Maschine
und erzeugt knisternde Blitze im All.
Die Stunden bestehen aus Sauerstoffflaschen –
und du sagst mir, was du sagen musst:
Es führt kein Weg zurück.

Du bist nicht von dieser Welt.
Du spürst mein Gebet, noch bevor ich es spreche.
Ich aber lege die blutigen Nägel zurück in Deine Hand
und gehe wie ein selbst gekrönter Souverän
in mein eigenes gelobtes Land.

MATERIAL A 33

GEFRORENE BLICKE, BALKON UND DER GEIST EINER BIENE

Es huschen wieder welche in der Stadt herum,
in der Stadt herum, in der Stadt herum.
Trotz der Anarchie,
trotz der Banden und der Psychopathen,
trotz der Wölfe und der Marodeure,
trotz der Seuchen und der Strahlenkranken.

Doch willst du auf die Straße gehen,
brauchst du Kraft und Schnelligkeit,
Routine mit Waffen und waffenlosem Kampf,
Ortskenntnis und Stichschutzweste
und den siebten Sinn.

Autos und Tote kreuz und quer.
Ein Klassenfoto steht als Schatten an der Parkhauswand.
Schlanke Beine ragen aus dem Kofferraum der Limousine.
Ein zerrissenes Kleid schreit unter einer keuchenden Maske.
Ein Mensch hängt tot im Maschenzaun,
sieht sich selbst von oben an.
Katatonische Soldaten auf dem Truppensammelplatz:
Noch ein letzter Wunsch, Kamerad?
Schwarze Helme rasseln mit Ketten, Motorengedröhn.
Blutende Hände zerren an einem Apotheker.
Giraffen trinken aus der Regenrinne Wasser.
In der Landeshauptstadt soll eine Regierung tagen.
Es gibt schon Jodtabletten für die Kinder?

Einmal pro Woche landen Sanitätshubschrauber.
7 Liter Wasser pro Bürger mit Erstwohnsitz.
Im Krankenhaus hat man vereinzelt Licht gesehen.
So mancher will ein Martinshorn gehört haben,
bevor er starb.

Doch nun beginnt das Töten der Zeugen
und das Brennen der Augen,
auf dem Gehweg sprechen blutende Zungen,
die Sklaven aus den Kellern verschwinden.
Raubgut wird hinter Rohren vermauert,
Bäume werden unterhöhlt:
Wer noch lebt, hat auch einen Spaten.
Nur wer nicht im Bild ist,
fällt jetzt noch aus dem Rahmen.

Ich lese ein Bild aus dem Sommerschnee:
Ich knie auf dem zugefrorenen See,
Schneeflocken wehen über den Spiegel.
Ich wische den Schnee vom spiegelglatten Eis,
das Eis ist klar, doch voller feiner Bläschen,
wie die Lunge einer toten Patientin,
die mich aus der Tiefe anschaut,
und ihr Gesicht liegt starr und still im Eis.
Nur Gott kennt ihren Namen.

Ich schlafe wie früher auf dem Balkon,
die späte Sommerluft schmeckt frühlingshaft:
Komm her, tritt ein, bring Glück herein.
Du lachst, als wäre immer noch April,
ein Polaroid in changierenden Farben.

Ich schlafe auf dem sonnigen Balkon,
noch weiß ich nichts von meinem Plan.
In der Tiefe, zwischen alten Blumen,
fängt der Geist einer Biene zu summen an.

MATERIAL A 34

AM DORFBRUNNEN,
TRÄNEN WIE STEINE SO FREI

Allein im nuklearen Sommer:
Mein Name – streng geheim.
Es ist so kalt in meiner Wüste
und draußen fällt ein Sommerschnee.
Es kommen Wolken und schweben,
in meinem Traum spuckt ein Dämon
all sein Blut in den Schnee.

Schlafe ich ein, so fange ich zu brennen an.
Wache ich auf, verschlucke ich beschämt die Flammen.
Die dünne Wand dehnt sich unter dem Druck des Lebens.
Nie mehr will ich, wenn ich endlich schlafe,
an mir selbst ersticken.

In meinem Kopf platzt eine Bombe:
Ich erkenne die Verschwendung meiner Kraft.
Ich ahne die bleierne Angst meiner Lungen,
wenn ich das mögliche Leben verneine
unter der Diktatur von Tagtraum und Terminplan.
Ich trenne die Sonne
vom Licht veraschter Sterne,
das aus der Leere des Alls immer noch scheint.

Dass die Welt der Seele gleicht – lautet so das Gleichnis?
Oder gleicht die Seele der Struktur der Welt?

Existenzielles Alleinsein ist akzeptabel,
doch artikuliere Deine Person im Futur.
Mein Transistor empfängt neue Wellen,
eine Taube bringt ein Grün und sitzt auf dem Balkon.
O Herr, schenke mir Wurzeln
zu umfassen den gespaltenen Stein –
und ich schenke Dir die Früchte der Einheit,
mit Augen so klar wie ein Quell im Granit:
Erschaffe mich neu
mit reinem Herzen und frischem Geist.

Tränen fallen wie Steine so frei.

Am Dorfbrunnen stapeln sie noch Leichen,
die Auferstandenen aber baden sich schon.
Eine Frau trägt mein Gesicht in ihren Händen
wie ein geliebtes Souvenir
und sieht mich unverwandt an.

MATERIAL A 35

BÜRGER 83, STUNDE NULL
UND REORGANISATION

Republik und Restauration.
UNO-Truppen treffen ein: Australier,
mechanisierte Infanterie, robuster Auftrag.

Sie machen eine Parade um das Einkaufszentrum,
über den Platz und bis zum Brunnen.
Ihre leeren Gesichter
spiegeln die Leere in unseren Gesichtern.

Einwohnermeldetag: 2184 kommen.
Das sind 7,45 von Hundert.

Im Krankenhaus wieder zwei Stationen:
Ambulanz und Chirurgie.
Die Kirche macht hier Sterbehilfe,
so auch das Militär.

Industriegebiet Ost:
Hier entsteht ein Massengrab.
Und zwölf weitere woanders.
Bagger und Kalk,
aus einer Fichte werden hundert Kreuze.

Soldaten durchsuchen die Häuser:
Tote, Waffen, Raubgut, Verdächtige.
Erlaubt ist eine Waffe zum Heimschutz –
wohin der Rest?
Es wird schon so viel vergraben.

Wer aus Furcht, Verwirrung oder Schrecken
am Atomkrieg teilgenommen hat, wird nicht bestraft.
Die Stunde Null für jeden ab 1 Röntgen pro Stunde.
Wir haben einen Krieg gemacht,
jetzt schreiben wir Geschichte.

Nachtzuschlag für Mannschaftsdienstgrade.
Nachtsichtgeräte filtern die Nacht.
In der Nacht herrscht Ausgangssperre,
Militärfahrzeuge stehen fröstelnd in der Nacht.
In der Nacht sind alle Hände grau
und sie betasten die Verstecke der Nacht.
In der Nacht stelle ich Autos zurück,
doch ich behalte die Schlüssel zur Nacht.

Ich bin jetzt Bürger 83.

Ja, was denn?
Ich kenne Sie nicht.

MATERIAL A 36

ORANGENER REGEN, RETURN-TASTE, TROPISCHER NOVEMBER

Das Fleisch auf meinem Teller
hebt und senkt sich pneumatisch atmend.

Geschoss und Patrone finden wieder zusammen,
rohe Gewalt verwandelt sich in Macht zurück.

Der Bach wechselt die Farbe von Violett auf Blau.
Der abgetrennte Arm deutet auf seinen Mann.
Die Asche im Wind nimmt wieder Gestalt an.

Tornados stoßen aus der Schallmauer zurück.
Der Himmel strahlt noch immer gelb,
doch die Wolken bluten nicht mehr.

Gott wurde nun auch in Rio gesehen.
Es heißt, er wolle sein Karma verbessern –
oder er tanzt dort für Geld.

Dort hinten steht ein Kiosk:
Die erste BILD nach der Sintflut mutmaßt,
auf welchem Atoll der Kanzler lebt.

Das Regiment reorganisiert sich, die Wochenenden sind frei.
Sie sagen, der Frieden sei sicher durch die neue Balance.

In den USA erzählen sie, Elvis habe sich durch ein Zeitloch
unter die Erwachten geschmuggelt, zusammen mit Pilatus.

Der tiefe Krater in der Brust hat sich geschlossen,
die Lava im Gesicht ist kalt und blättert ab.

Annabelle erwacht in einer schlammigen Pfütze
und betastet erstaunt ihre Narben.

Die Häuser stehen wie seit Generationen,
die Freiheit materialisiert sich wieder als Eigentum.

Manche waren weg und sind jetzt wieder da: Auferstehung
war schon immer ein ernstes Problem für die Jurisdiktion.

Das Ministerium für Arbeit, Soziales und Familie
arbeitet an der Re-Integration der Auferstandenen.

Das Grundbuchamt revidiert alle Übertragungen
mit Datum Beginn der Invasion.

Wir alle lieben diesen tropischen November,
orangener Regen steigt vom Boden auf.

MATERIAL A 37

DIE WIEDERKEHR DER VERDRÄNGTEN, TRAUMARBEIT

Der Druck lässt nach,
die Verstoßenen kommen zurück –
das unterdrückte Massenheer verdrängter Schatten,
krumm geschlagen, ausgebeutet.
Maskierte Ärzte flüstern den Preis der Organe
und füllen die Kühlbox auf Bestellung.
Ohne Rechte und entmenschlicht,
mit einer Hundemarke ausgesetzt,
wie gequälte Tiere kriechen sie die Autobahn zurück
und klopf klopf klopfen unbeholfen an –
mit Splittern in den eitrigen Pfoten.

Traumstrukturen, Traumfunktionen.
Übersetze die Bilder in Dich:
Der Weltenbrand als Seelenspiegel,
Tagtraumstrahlung durchdringt die dünne Wand.
Elende Gestalten –
wer wart ihr, bevor ich Euch verbannte?

Kirschenbaum, Kirschenbaum –
leuchtend blühst Du wie im Traum?
Ich bin klein, mein Herz ist rein –
trotz Sachzwang, Machtkampf und Versuchung?
Führe ich ein Rückzugsgefecht in die Kindheit?

Menschen, Tiere, Pflanzen, Dinge.
Materie und Überbau,
die Konjugation der Sinnstrukturen:
Ordnung herstellen, Soldat.
Durchzählen mit dem dreifachen Imperativ:
Dein Körper gehört in die Natur!
Mache den Geist für die Gesellschaft nützlich!
Lenke Deine Seele zu Gott!

Klingt irgendwie gut.
Ich werde es notieren.

Die Mauern knistern
in der Neonsonne.

Ein paar abgeplatzte Buchstaben glühen
in meiner Hand
forme ich ein neues Wort.

MATERIAL A 38

SYMBOLISCHE VERSCHIEBUNG, TRANSPLANTATION

Jets und Panzer, all die herrenlose Munition,
hasserfüllte Uniformen – in die Straßengräben gekrallt,
mit einer Hand voll Kotze im Maul,
fünfmal Nahkampf unter Drogen,
ABC-maskierte Gesichter mit Einschusslöchern,
Leichen auf Panzern mit brennenden Haaren,
das Blut versiegt im Bajonett,
der Stahl wird fett.

Ja, ich verstehe Ihre Bilder.
Sprechen Sie doch bitte weiter –
oder malen Sie noch ein Bild.

Blau gegen Rot – das ist wie Blau gegen Rot.
Verdreckte Punkte brüllen auf der Ablauflinie,
bald schon glüht der erste Lauf im Laub.
Es sind zu viele, wenn ich sie zu zählen hätte...
Der Letzte stirbt keine zehn Meter vor dem MG.
Motoren und Gebrüll im Wald gegenüber –
wann kommt die zweite Welle?

Denken Sie jetzt bitte ganz genau nach:
Wo lag das Schlachtfeld, wer waren die Gegner?
Dort liegt symbolisch die Quelle des Problems.

Doch Welle um Welle beginnen die Bilder im Magen
zu wandern, zu schneiden und sich zu drehen.
Die Silhouetten rennen auf mich zu:
Ich will euch nicht – also Vernichtungsfeuer.
Doch das MG gibt es nur,
weil ich die Wut bin und sie nicht nur habe.
Wer aus der Verdrängung wiederkehrt,
den nehme ich unter Feuer.
Angst greift an auf 14 Uhr:
Unterdrückungsfeuer, Vernichtungsfeuer.
Kommt dann die Angst von allen Seiten:
Rundumverteidigung, Bajonett und Spaten.

Sie träumen also Armeen als Bilder der Kräfte,
die in der Seele aufeinanderprallen.
Die bleierne Flut ist nur ein Bild für die Trauer,
die Angst vor dem Sieg der Gefühle.
Stellen Sie jetzt Ihre eigenen Fragen –
oder schauen Sie sich meine Fragen
aus einer neuen Perspektive an.

Sehe ich denn nicht die helfenden Hände,
die Verwandten, die Freundin und die Freunde?
Fürsorge von überall,
vergessene Gesichter erscheinen neu belebt.
Wer bleibt im Leid, wenn die Türe aufsteht?
Das Abdriften in Tagesträume,
sinnlose Stimmen zwischen Schlafen und Wachen –
all das sind Zeichen und Folgen des Zwiespalts.

Jetzt geht es um mein Leben.
Ich ringe nach Luft unter der Maske.
Komm auf die Lichtung, Junge:
Du musst Dir selbst vertrauen.

Still und stumm stehen die Tannen,
aus den Tümpeln steigt ein Nebel gelb und grün.
Meine Ärzte tragen Schwarz und gehen weg,
denn die Transplantation einer Seele
hat für mich keinen Zweck.

MATERIAL A 39

TAGTRAUMSTRAHLUNG, SUBPERSONEN

Meine Therapie verläuft gut.

Ich sage alles, was Du willst.

Ich identifiziere mich mit dem Verteidigungsauftrag.

Ich mache den Feind zum Ersatzobjekt.

Ich führe den Auftrag nach eigenem Ermessen weiter.

Ich habe Einsicht in den Sachzwang.

Ich erlebe mich unter dem Einfluss von Drogen.

Ich habe nur Befehle befolgt.

Ich schreibe Haikus in ein Kriegstagebuch.

Ich denke, es wird schon nichts Ernstes sein.

Ich rate Dir, nie wieder darüber zu reden.

Ich kann nichts dafür.

Ich bleib cool.

Ich muss mich verteidigen, die Welt ist eine Gefahr.

Ich schalte ab, das hat nichts mit mir zu tun.

Ich spiele Krieg, wenn mein inneres Kind es will.

Ich wünsche mir nicht, ich wäre krank.

Ich wünsche mir nicht, ich wäre tot, nur um nicht zu leiden.

Ich erkenne meine Fehlleistungen.

Ich sammle die Briefe aus der Tiefe meiner Seele.

Ich zog die Splitter aus den verwundeten Augen.

Ich habe keine Angst vor meinen Subpersonen.

Ich habe nur noch selten Angst vor der Angst.

Ich deute meine Träume ganz ohne Lexikon.

Ich wünschte, dass ich keine hätte.

Ich schlucke die Tabletten in meinem Mund tatsächlich.

Ich habe gesunde Assoziationen.

Ich sehe nur das Bajonett und nicht das Blut im Stahl.
Ich öffne Fremden nicht die Tür.
Ich spiele dem Umfeld nichts vor.
Ich begehe sicher keinen Selbstmord, auch nicht auf Raten.
Ich erlebe die Komplexität meiner Synapsen als positiv.
Ich habe gesunde Vorfahren.
Ich verspüre weder Freiheit noch Erregung hinter der Maske.
Ich lebe in der gleichen Realität wie die anderen.
Ich fühle nichts, wenn ich meine Hände wasche.
Ich bin kein anderer unter der Glocke des Helms.
Ich spüre den Schützenpanzer nicht wie eine zweite Haut.
Ich will nichts zerschlagen, das entlastet mich nicht.
Ich uriniere korrekt und nur in Toiletten.
Ich wurde niemals ernsthaft verstrahlt.
Ich erkenne Atomkrieg und Apokalypse als pure Illusion.
Ich sah nur im Traum das Pferd mit der Maske.
Ich lebte ein normales Leben, damals im Kalten Krieg.
Ich erlebe Trennung als Spaltung, das ist normal.
Ich sublimiere die Symptome als Kunst.
Ich würde meinen, es geht mir gut.
Ich finde, meine Therapie läuft gut.
Ich sage alles, weil Du es willst.

Natürlich habe ich einen Therapeuten.
Und ein Druckluftgerät unterstützt meinen Schlaf.

MATERIAL A 40

OHNE BESCHÜTZER KEINE ANGST, WELT UND WILLE

Also nur weil ich die Bomben fallen sehe,
fallen die Bomben herab?
Allein schon, weil ich die Panzer denke,
feuern sie aus jedem Rohr?
Indem ich träume – atomarer Blitz?
Erschaffe ich die Welt im Bewusstseinsstrom des Willens?
Was ich denke, wird letztendlich irgendwo wahr?
Ich spielte Gott und erfand die Hölle –
war ich mir selbst oder dem Wahnsinn jemals so nah?

Mein Trupp liegt erschöpft und blass im Straßengraben:
Was immer jetzt kommt, ist militärisch nicht zu lösen:
Ich bin kein Kriegsteilnehmer mehr.
Der stählerne Marder beschützt meine Seele?
Ohne den Beschützer bräuchte ich auch keine Angst.

Ich glaube an alle meine Diagnosen:
Atomkriegsfantasien als bloße Analogie der Seele.
Der nukleare Traum: symbolische Verschiebung.
Lyrik und Fragment, Sublimation.
Trennung macht Spaltung und strahlt aus:
Innerlich gespalten sah ich gespalten die Welt.
Also bin ich Alpha und Omega,
der Projektor und die Projektion: filmische Episoden.
Probleme im Medium der Blutdruckwellen.
Kunst ist die Wiederkehr des Verdrängten.

Jede Fantasie repräsentiert die unsichtbare Emotion,
luzide Masken lassen das Gesicht erahnen.

Ich höre meine Selbstgespräche im Radio.
Sie melden: Planet Erde weist die Bomben zurück.

Die Tannen stehen schwarz und schweigen,
aus den Wiesen steigt ein Nebel
neonfarben gelb und grün.

MATERIAL A 41

NEUE STRUKTUREN, LAMPIONS AM STRAND

Ich spucke den Kirschkern
in das grüne Gras.

Durch das Trauma der Trennung
entstand die Spaltung meiner Seele
in der Sprache meiner Fantasie
als nuklearer Alptraum,
als Angststörung und Anarchie.

Das Gleichgewicht der Tränen auf den Wangen:
Deutung und Anerkennung –
Sprache als Weg aus dem Widerspruch.
Balance durch Versöhnung:
Eine neue Struktur der Dinge.

Das Leben findet immer einen Weg.
Das Leben nimmt sich Zeit.
Das Leben entsteht und vollendet sich durch Einheit.

Wohin werfe ich die Masken des Traumas?
Was ersetzt Verschiebung und Aggression?
Würde es helfen, mit den Quellen zu sprechen?
Ich nehme die Sonne als Tablette
und trinke den Schlaf als Baldrian.
Du kannst es nicht ausschalten,
also schalte etwas anderes an.

Lebe in der Erinnerung,
wenn es Dir weiterhilft.
Lebe in der Erinnerung,
doch erinnere Dich auch an die Zukunft.
Das Leben findet immer einen Weg.

Ein Sommerstrand am Abend:
Ich liege unter alten Pinien, die Zikaden singen.
Luzide Puppen wandeln
wie Lampions auf dem warmen Sand
und wandeln wie Träume und taumeln hinab
in den Schlaf, den tiefen Schlaf, hinab
in den Schlaf.

MATERIAL A 42

HIER BIN ICH OHNE MACHT

Ich sah das Bild meiner Eltern
schwimmend am Grunde des Bachs.
Ich nahm einen langen Kescher
und stieß in die Tiefe hinab.
Das Bild floss durch die Maschen –
es tropfte nur Wasser herab.

Ich nahm einen blechernen Eimer
und ließ ihn sanft in den Bach.
Das Bild verlor sich im Eimer –
es war nur noch Wasser darin.

Ich wollte das Bild meditieren,
doch je fester ich es hielt,
wechselten Formen und Farben –
mäandernd verlor sich das Bild.

Im Sand des Ufers fand ich eine Münze,
doch anders als erhofft und gedacht:
Kopf und Zahl verschwunden –
hier bin ich ohne Macht.

MATERIAL A 43

STERBEN UM ZU LEBEN,
ERINNERUNG ALS LIEBE

Ich bereise die Inseln der Resilienz.
Ich will nicht schuld sein an mir selbst.
Ich will nicht schuldig werden an mir selbst.
Wo war ich, als die Bomben in mein Leben fielen?
Hörte ich Musik oder schlief ich schon?
Oder trank ich ein Glas Wasser in der Nacht?

In den Jahren, wenn die Eltern sterben,
gehst Du zweimal durch das schwarze Tor.
Am Ende der Straße steht ein Haus auf dem Hügel,
der Sonne entgegen, und sie rufen Dich hinein.
In dem Haus brennt das Feuer, das die Welt verbrennt.
Fremde Menschen treten Dich nieder am Grab
und verschließen deinen Mund mit Klebeband.
Sie stehlen den Sarg und verschließen das Tor
oder verjagen Dich mit einer Uhr in der Hand.

Ich stand unter kämpferischen Gedanken,
die Logik von Helm und Waffe
formte die sprudelnden Ströme im Geist:
Der Überlebenskampf ist ewig,
doch er dauert immer nur einen Tag.
Ein Gewaltmarsch auf dem Meeresgrund
im Licht der brennenden Schiffe –
und irgendwann wieder am Strand.

Ich sterbe seit der Sackgasse.
Ich sterbe seit dem Zusammenbruch und Eurer Entmachtung.
Ich sterbe, damit ich mit dem Sterben aufhören kann.
Ich sterbe, damit alles stirbt,
was ich ohne Euch nicht leben kann.

Die Erinnerung ist meine Liebe.
Doch die Bilder der Erinnerung verändern sich,
indem ich sie erinnere.
Selbst dieser Vers verändert sich,
während ich ihn schreibe.

Erinnere Dich, denke zurück:
Wir haben immer nach vorne gelebt.
An einem Grab beweinst Du auch Dein eigenes Leben
und fürchtest, Du könntest sterben,
lange vor deinem eigenen Tod.

MATERIAL A 44

MANÖVER, KASERNE, SOUVENIR

Sie fallen vom Himmel an Fallschirmen.
Motorisierte Verbände stoßen hier durch
und setzen sich fest in der Tiefe des Raums.
Infanterie in Feuer und Bewegung,
Antennen übertragen die Koordination.
Pulsierende Rohre zielen tief in die Tannen,
defensive Verbände halten dagegen.
Der Waldkampf fordert den Nahkampf,
doch nur Platzpatronen knallen,
das Bajonett bleibt in der Scheide.

Das Manöverpublikum steht von der Tribüne auf,
noch ein Handschlag im Blitzlicht der Lokalpresse.
Die Linien der Blauen deformiert und verworfen,
die Kräfte der Roten sind plangemäß zerstreut.
Die Gulaschkanone brodelt, wir halten lahmes Brot
und heiße Plastikschalen in der Hand.
Vater wollte, dass ich auf Französisch bestelle.
Jeeps mit Funk, knarrende Stimmen
kommentieren die Situation.
Ich sammle ein paar leere Hülsen auf.
Irgendwann fährt alles los.

Tief im Wald duckt sich noch immer der rostige Panzer,
überwuchert von Moos, und lauert wie ein Drache,
verkohlt und mit rostigen Ketten, von Platzpatronen übersät.

Die Kaserne der Franzosen hat einen »Tag der offenen Tür«
im Sommer, wenn der grüne Stahl in der Sonne brennt.
Für mich als Kind war das immer ein Feiertag,
ein Spiegelbild, mein Selbstgefühl.
Sturmgewehr schießen für nur 5 Mark.
Orden, Poster, Franzosen in Grün oder Beige,
Pommes, Sinalco, Krach und Militärkapelle.
Ein Rundgang durch die düstere Kaserne.

Den Spielzeugpanzer wollte Vater mir nicht kaufen,
doch ein Betrunkener kam und schenkte ihn mir –
Druckguss mit kurzer Kanone, Tarnfarbe, Hoheitszeichen.
Als Denkmal steht er noch heute in meiner Vitrine.
Vater ist schon lange tot.
Vater war ein guter Schütze, Medaillen auf Samt.
Er montierte jede Waffe auseinander und zusammen –
in Uniform sah ich ihn nie.

MATERIAL A 45

GEDÄCHTNISVERLUST, ANDENKEN DER EINSAMKEIT

Deine Briefe, Bilder, und Zettel erinnern mich daran,
dass ich am Ende allein sein werde, unberührbar und verlassen.
Wie schön, dass sie in mir zu sprechen beginnen
und die schallschluckende Mauer durchbrechen.
Doch bringen die Bilder mehr zurück
als meine Einsamkeit allein?

Deine Stimme ist für immer verklungen und nur noch
als Gefühl erinnerbar, eine Spur im Sommerschnee.
Du bist die Wiesenblume, die ich nicht wiederfinde.
Ich kann die Ostereier und den Weidenzweig nur noch
im Nachhinein verstehen, Deine Liebe zum Balkon
und Dein fallendes Herz.

Manchmal seh ich Dich im Traum,
manchmal darf ich Dich anschauen.
Manchmal bleiben wir kurz stehen,
doch dann muss einer wieder gehen.
Manchmal ist es wie daheim,
alles ist dann wie zuvor.
Doch dann wach ich wieder auf,
alles ist dann wie zuvor.

Du bist ein Bild, so bunt geträumt,
doch am Morgen wollen die Farben verblassen
und Perspektiven ändern sich gelassen:
Habe ich nur Gefühle geträumt,
von der Wahrheit verlassen?
Habe ich wirklich von Dir
oder wieder nur von mir selbst geträumt?

Ich vermisse die Sprünge der Eichhörnchen
und fühle Leere zwischen Tanne und Birke.
Die Christbaumkugeln spiegeln allein mich selbst,
doch ich schaue hinein wie in einen Kristall.
Die Seele fühlt und lebt das alte Leben noch,
das Auge sieht nur noch die neuen Bilder.
Von der Erinnerung überblendete Straßenzüge
formen das Bild meiner Stadt.
Doch berühre ich die Mauern, so breche ich durch –
wie durch Papier oder eine Filmkulisse.
Die Projektion der Erinnerung gibt mir Geborgenheit,
die mich zu meinem eigenen Tagtraum,
die mich unendlich einsam macht.

MATERIAL A 46

ZURÜCKDENKEN, NACH VORNE LEBEN

Es gibt so vieles aufzuarbeiten, so viele Themen und Fragen:
Trauerfälle und Verluste, die Mauer und den drohenden Krieg,
Schule, Uni und Beruf, Beziehungen und Freundschaften,
Essverhalten, Fitness und Gesundheitsfragen –
das Getane und mehr noch das Versäumte,
all das ungelebte Leben.
Doch wo ist die Grenze zur bloßen Selbstbespiegelung?

Fahre nicht ohne Rückspiegel –
doch bleibe mit den Augen auf der Straße.
Wenn es Dir guttut, lass alles raus und bring es in Form:
sublim und symbolisch verschoben oder archaisch im Sport.
Öle Deine Waffen und schieße auf klappernde Büchsen,
kämpfe mit dem Geist im Schachcomputer.
Spiele wie ein Junge wieder Fußball
oder komponiere ein Bild japanischer Models
mit einem analogen Synthesizer.
Verarbeitung durch Poesie ist eine gute Therapie.
Du machst es schon richtig,
es wird sich alles fügen.

Synapsen erhalten künstlich am Leben,
was es längst schon nicht mehr gibt.
Da ist das Licht Deines Sterns – auf dem Weg zu mir,
doch der Stern ist längst erloschen.
Die Vergangenheit darf stolz sein
und zeigt auf die schönen Bauten und die Orden auf der Brust.

Doch das alte Leben ist längst versunken
und taucht nur wieder auf
zu einem kurzen Besuch im Dienst der Kontinuität,
für das Gleichgewicht meiner Hirnströme.

Ich bohre ohne Betäubung in das Sentiment
all dieser lähmenden, frustrierenden Nostalgie.
Nur die Wahrheit, sagt man, macht uns frei:
Solange Du lebst, zwingt Dich ein Ende zum Anfang.
Du musst Dich neu erfinden, statt zum Museum zu werden.
Sieh die Stadt in neuen Farben,
fühle den Zeitgeist im Pulsschlag des Moments.

Oder wie klingt das:
Du darfst zurück in die Zukunft gehen.
Erneuere Dein Leben, dann bekommst Du das alte zurück:
in neuen Farben und Formen.
Sei Deine neue Nummer Eins
und mach endlich Dein Ding:
Wir warten, wir werden uns sehen.

MATERIAL A 47

WACHEN UND TRÄUMEN, ALSO LEBE FREI

Am Grab Deiner Eltern
weinst du immer auch über Dich selbst.

Manchmal höre ich Stimmen im Schlaf:
Sie sagen, meine Eltern seien tot.
Ich denke, wieso sagt ihr das?
Das kann doch nicht sein.
Ich wache auf und bin allein.
Manchmal verwischen die Zeiten im Schlaf:
Meine Eltern leben, zusammen sind wir.
Doch dann träume ich, meine Eltern seien tot,
und wache nie mehr auf.

Liebe Menschen an meiner Seite,
helfende Hände und gute Seelen überall.
Doch ohne die Eltern fragst Du Dich:
Wer steht noch hinter mir?
Macht mich die Wahrheit wirklich frei?
Bedarf die Trauer nicht auch der Verdrängung?
Langsam verändert das Schiff seine Position.
Neue Strömung, neue Konstellation.

Der Alltag ist die beste Therapie oder auch die Natur.
Schau durch den Vorhang der Sterne und spüre die Kraft,
die liebevollen Blicke der Versöhnung – mit Dir selbst.
Was immer du tust, bedenke auch Dein eigenes Ende!

Das Band der Liebe ist noch immer wie am ersten Tag.
Die Vernunft erwacht am Grab und legt die Kleider ab,
sie geht einfach hinaus in den Garten.
Du hast genug erreicht, nun halte das Ergebnis.
Kümmere Dich um Dich selbst und produziere Sinn.
Achte auf Dich und einen gesunden Körper,
dann ist noch vieles möglich:
Alles ist da, also lebe frei.

MATERIAL A 48

GLAUBE, TROST UND DIALOG

Die alten Bilder erzählen mir jetzt neue Dinge.
So folge ich dem Rat der Eltern und der Ahnen
und rekultiviere das ausgebrannte Land,
täglich mit frischer Erfahrung.
Ach, könnten meine Hände doch klarer sehen
und meine Augen wieder fühlen,
wo und was ich heute bin.

Mich beschützt Eure Liebe,
der Zauber des Anfangs
erntet die Früchte alter Gewohnheit,
mich beschützt die praktische Vernunft,
die Erfüllung gesellschaftlicher Pflichten,
der Anstand meiner Republik
und die Kraft der unsichtbaren Hand.
Stimmen der Freude begleiten die Seele
durch die sich öffnende Stadt.

In den sonnigen Straßen leuchtet das bunte Leben,
das wohlige Leben der Bürger im Mai.
Manchmal gehe ich in eine Kirche,
wenn ich daheim, in Colmar oder in Lucca bin.
Die Gegenwart ist immer frühlingshaft.

Habe Vertrauen, sei nicht klein im Glauben,
wir sind da, wann und wo immer Du willst.
Vertraue Dir selbst und den tiefen Gefühlen,
bleibe im Kontakt mit Gott und Dir selbst.
Wenn Du Dich öffnest, kannst Du uns hören.
Öffne die Augen und glaube den Zeichen:
Du bist unser Sohn, also höre auf Gott.

MATERIAL A 49

ERFINDE DICH NEU UND NEUE WEGE

Über die Apokalypse Gedichte zu schreiben,
über den Atomkrieg und die Anarchie,
war genauso verrückt und verschoben,
als könnte die Welt eine Seele spalten.
Wovon ich zumindest träumen konnte,
erzähle ich heute, als hätte ich es nur erdacht.
Doch jedes Wort ist einem Tagtraum entnommen
oder dem Alptraum entlehnt.

Die Trennung als Trauma:
So analysiert es der Therapeut.
Übertragung und Verschiebung, Poesie und Sublimation
verschafften mir Zeit, Kraft und Raum.
Aus Biografie wird Analogie:
So konstruiert es das lyrische Ich.
Doch mit Gott siehst Du womöglich anders,
was Dein Verstand berechnet und beschreibt.

Der Mensch erkennt sich in der Summe,
wie ein Schulkind zeigt er stolz auf das Ergebnis,
bis er das Lob des Lehrers oder sein eigenes erhält –
doch weiß er kaum, was es bedeutet,
was er da an seine Tafel schreibt,
denn nur durch Gottes Liebe
lernt er, sein Leben zu deuten und zu verstehen.

Das Trauma ist ein Stein im Bach,
es spaltet eine Zeit lang den Fluss der Gedanken,
doch niemals das Wasser, die Seele, das Herz.
In der Erinnerung erwacht die Liebe,
die nur schlief, und alte Kräfte werden wach:
Ein Sommerregen, der auf trockene Samen fällt.
Das Auge sieht schon wieder Flechten und Moose,
die Seele ahnt schon wieder den Baum.
Was Dich wirklich berührt,
dazu braucht Gott keine Hand.

Aus Angst und Schmerz darfst Du das Gute machen:
Nenne es religiös eine Wiedergeburt
oder künstlerisch die Renaissance,
beschreibe es als Himmelstreppe,
oder als Spirale aus gleißendem Licht,
beschreibe es von mir aus als Urknall.
Alles ist ewig und alles fließt:
Du darfst Dich verändern,
denn Du bleibst, wer Du bist.

Die Menschen von früher sind alle verschwunden,
Familie und Freunde, Weggefährten,
ein anderes Gesicht trägt heute die Welt.
Die Seele sieht noch immer das pulsierende Leben,
das hier geblüht und stattgefunden hat.
Doch die Schichtung abgelegter Bilder
droht, den Augenblick zu überlagern –
und mehr noch: das lebendige Gefühl.
Wer die Kirschenblüte liebt,
soll nicht träumen, sondern pflanzen.

Du solltest nicht nur Deine Eltern und die Geschichte lieben,
sondern auch Dich selbst, die Bewegung, das Leben.
Was wir erlebten, das schenke heute der neuen Zeit.
So viele leere Stühle, so viel Platz – besetze sie getreu.
Lebe nach vorne und Du denkst gerne zurück.
Lass die Zweige nun und all die grauen Felsen los,
schwimme frei auf dem Fluss.

Du schreibst Verse, die Dein Gedächtnis verändern:
Die Vergangenheit hältst auch Du nicht fest.
Das Neue soll nun wachsen, dem Alten gleichend,
doch unverbraucht und an frischen Formen reich.
Wate durch den Wiesenbach und lade jeden Tag
fröhlich zur Taufe des Lebens ein.
Gott schenkt uns Bilder und Worte,
doch er wirkt durch seine Liebe und Kraft.

Liebst Du ihn noch immer, Deinen gütigen Gott,
der mehr vermag und schafft als Dein maskiertes Ich?
Dein gefühlter Kern war nur die Echokammer
im Gefängnis von Epoche und Biografie:
Befreie nun Dein sonnenhelles Ich.
Du könntest Dich im Glauben neu erfinden,
den Schöpfer suchen und Dich endlich finden.
Du willst das Leben und Dich selber wieder spüren,
den frischen Geist und das reine Herz?
Erfinde Dich neu – und neue Wege,
am Ende des Tages bist Du mit Dir vereint.
Ich fasse zusammen, denn Du bist soweit:
Die Spaltung des Kerns hält ein Wunder bereit.

MATERIAL A 50

DAS FISCHLEIN UND DER BIBER

Ich träumte, ich träumte und träumte,
ich hätte ein Fischlein gesehen
über dem kühlen Grunde,
in einem kühlen Teich.

An einem blanken Haken,
da hing mein pochendes Herz,
es hatte faulende Flecken,
doch ich spürte keinerlei Schmerz.

Das Fischlein kam geschwommen,
es fraß, was tot und schlecht,
doch immer noch am Haken
schlug mein blutendes Herz.

Da kam ein Biber geschwommen
und hielt mein Herz ganz fest,
und weil er den Haken gezogen,
blieb bei dem Biber mein Herz.

In seiner Burg verborgen
bewachte der Biber mein Herz,
wir bauten ein neues Leben,
so heilte mein pochender Schmerz.

Mit einer reinen Seele,
erfüllt von frischer Kraft,
versorge ich heute das Fischlein
und gebe auf den Biber fein Acht.

BEGLEITMATERIAL

MATERIAL B

SYNOPSE OHNE SYSTEM:
DIE URSPRUNGSSEQUENZ DER TRÄUME

Luzide und epische Lieder –
von meinem oder Deinem Untergang der Welt.
Fragmente und Bilder –
von innen wie durch einen Traum erhellt.
Analogien, Assoziationen.
Die erste Person bleibt ohne Futur.
Trennung, Spaltung, Einheit.
Ein gelallter Eid im Morgenrot.
Ich bin kein Mensch und doch kein Tier.
Das Leichenpferd, ein Gesicht platzt im Feuerstoß.
Die Spur des Pferdes zeigt auf das Loch im Himmel.
Eine Stadt wird zu einer Säule aus Staub vermalen.
Ein fremder Reiter, nicht zu strafen kommt er,
doch zu töten alles und jeden.
30 Röntgen pro Stunde sind jetzt die Grenzen meiner Welt.
Häuserkampf: Auch ich bin tot, doch wer ruft an?
Bäume flüstern tote Silben,
seltsam böse Tiere auf der brodelnden Wiese.
Visier auf 200: Feuerüberfall und Dienstende –
der summende Brunnen, das Recht auf Widerstand.
Im Wald der Geister, ein Dorf kann schreien.
Das sichere Haus im Meer der Anarchie, abgöttische Liebe.
Der Schmerz als Medizin der Verstörten: Wach auf!
Stimmen aus dem Felsspalt auf der Wiese:
Mir war, ich ging mit dem Vater über ein Feld.
Ein Bataillon im Kräfteparallelogramm der Summe seiner Toten.

Paradiesgarten: Dein Kuss wie Blut, Äpfel zu Staub.
Das Pferd mit der ABC-Schutzmaske, sein blecherner Atem.
Der qualmende Kirschbaum glüht und knirscht im Traum.
Phosphor im glühenden Kehlkopf, die Stimmen der Ahnen.
Die durch Trennung gespaltene Kraft der Person.
Eingekeilt und verschüttet: Ich komme da nicht mehr heraus.
Wolke um Wolke, Städte zu Staub – der Filter und die Maske.
Autos sind Waffen, Särge und Mobilität.
Der Geist einer Biene fängt zu summen an.
Hinter der Schallmauer: die letzte Reise.
Im Kern gespalten, mein Geist schwebt über der Sonntagsinsel.
Florett und Samurai, Augen knirschen wie das Eis im Glas.
Ein Tier brennt von innen heraus und verascht.
Tagtraumstrahlung durchdringt die dünne Wand.
Staudammbruch, unter mir schwimmt ein Pferd durch die Tannen.
Die Hologramme leuchten in mir oder fangen zu lachen an.
Club und Plastikpuppen, allein im schwarzen Licht.
Landschaft mit Tiefenströmung, Lava und Leuchtspurgeschossen.
Der Schwimmbadparkplatz kocht, aus der Dusche tropft Blut.
Kondensstreifen über Kondensstreifen.
Im Moment des Todes ist das Geschoss schon Tage weiter.
Inferno, Feuer, Druck und Fallout.
Blutbilder, Kollaps der Bäume, Mutation und Karma.
Sieben fahle Pferde: Ist da jemand?
Arabesken der Leere und Verzweiflung.
Erholung: Orangener Regen steigt vom Boden auf.
Republik und Renaissance: Bürger 83!
Elegien der Sehnsucht: Skelett und Silikon.
Götter aus Plastik, Schaufensterpuppen mit Atem erfüllt.
Entfremdung von Gott, der Natur und mir selbst.
Das Telefon leuchtet in fluoreszierenden Farben.
Der Tod der Eltern, Erinnerung als Mutation und Zerfallsprodukt.

Geisterstadt, Tod – Trennung außen, Spaltung innen.

Die Seele sieht das alte Leben – als Film über dem neuen.

Flashback: Kampfhandlungen, Traumarbeit mit Bajonett.

Ich bin nicht mein Atomkrieg, meine Therapie läuft gut.

Die Wiederkehr des Verdrängten: verdrängte Subpersonen.

Der Tag der Lebenswende, die Integration der Auferstandenen.

Lebenserhaltende Aggression, Inseln des Widerstandes.

Akzeptanz und Aufbruch: Erinnere Dich an Deine Zukunft.

Befreiung im Frühling, Renaissance und Dialog.

Gott will es: Veränderung, Verbindung, Entfaltung, Selbstliebe.

Eine frühlingshafte Ahnung: Selbstbewusstsein und Vertrauen,

Gottesliebe, Selbstfindung in Gott – oder nur Selbstgespräche?

Die Hoffnung auf ein neues Leben und das alte Lebensgefühl:

Frisch leuchtet die Seele in der frühlingshaften Sonne.

Der gespaltene Kern hält ein Wunder bereit.

Fischlein und Biber, ein verschachtelter Traum.

MATERIAL C

BASISANALYSE: DEUTUNGSBEFUNDE OHNE HEILUNGSPROGNOSE

Entfremdung / Entgrenzung / Dekonstruktion

sprunghaft – getrennt und gespalten – fließend

Dekontextualisierung / Realität und Illusion

moralfrei – suchend – transzendent

Phänomen und Bild / Symbolik und Sinn

dramatisch – obszön – brutal

grotesk – real – romantisch

intertextuell / Anspielung und Anbindung

Gott – Welt – Paradoxie der Erlösung

Sehnsucht und Heimweh – Verlustangst – Zeit im Fluss

militärisch – Kampf um das Selbst – Tarn und Überblendung

Bann und Ausbruch / Grammatik ohne Futur

metaphorisch – panisch – assoziativ

Kriegsanalogie – Kampf und Chaos – Ordnung schaffen

Farben und Formen / Reorganisation

vertraut – geheim – Objekt und Folie

erinnernde Seele / gesprengte Rolle / Anarchie der Bilder

verdrängt – verschoben – wiederauftauchend

Unterbewusstsein / Ahnung und Integration

Überblendung / sterben um zu leben / Transformation

entfaltetes Selbst – evolutionäre Seele – Gott oder Psychose

Liebe und Heilung – Erfrischung – Wunder im gespaltenen Kern